$\Delta \; \infty \; \pi \; \sqrt{} \; \Sigma \; \approx \; \geq$

Schulaufgaben

von bayerischen Gymnasien

Mathematik 12

mit bundesweiten Pool-Aufgaben

mit Lösungen

Schulaufgaben von bayerischen Gymnasien

Verfügbare Titel

☺ **Mathematik** für Klasse **5, 6, 7, 8, 9, 10, 11** und **12**

☺ **Physik** für Klasse **8, 9** und **10**

☺ **Chemie** für Klasse **8, 9** und **10**

☺ **Englisch** für Klasse **5, 6, 7, 8, 9, 10** und **11/12**

☺ **Französisch** für Klasse **6, 7, 8** und **9**

☺ **Deutsch** für Klasse **5, 6, 7** und **8**

☺ **Latein** für Lernjahr **1** und **2**

Schulaufgaben bayerischer Realschulen

Verfügbare Titel

☺ **Mathematik** für Klasse **5, 6, 7**$_{II/III}$**, 8**$_{II/III}$**, 9**$_{II/III}$ und **10**$_{II/III}$

☺ **Englisch** für Klasse **5, 6, 7, 8, 9** und **10**

☺ **Deutsch** für Klasse **5, 6, 7** und **8**

Schulproben von bayerischen Grundschulen

Verfügbare Titel

☺ **Mathematik** für Klasse **3** und **4**

☺ **Deutsch** für Klasse **3** und **4**

☺ **Heimat- und Sachunterricht (HSU)** für Klasse **3** und **4**

Vorwort

Liebe Schüler, liebe Eltern,

Seit der G8-Reform zur Verkürzung der Schulzeit ist die Schulmathematik kompakter geworden, ohne dass dabei der Lehrinhalt sinnvoll gekürzt wurde. Diese

Schulaufgaben von bayerischen Gymnasien

Mathematik 12

zeigen, welche Aufgabentypen und welcher Schwierigkeitsgrad im G8-Gymnasium in Bayern verlangt werden. Ein großer Teil der Aufgaben habe ich als Mathematiklehrer an bayerischen Schulen selber entworfen. Original-Schulaufgaben von Nachhilfeschülern unseres ***Durchblicker Lernstudio Arndt*** bilden die Grundlage der Aufgaben in diesem Buch.
Wer diese Schulaufgaben konsequent durcharbeitet, dem sind bessere Noten sicher.
In der 12. Klasse werden „nur" noch zwei Schulaufgaben (Klausuren) geschrieben. Hier finden Sie zu jeder der beiden Klausuren drei Beispiele, also insgesamt sechs Klausuren.
Die Schulaufgaben entsprechen dem hohen Niveau aus Gymnasien von Bayern, die so ähnlich gestellt worden sind. Sie spiegeln den gesamten Lernstoff der 12. Klasse wider.
Die Hinweise in den Lösungen sind die absoluten Insidertipps eines Mathelehrers.
Bis jetzt war die G8-Mathematik wenig berechenbar. Die Unsicherheit ist auf jeden Fall größer als im G9, wo es genügend Sammlungen gab, in denen die Abituraufgaben der letzten Jahre zusammengefasst sind. Ich möchte Ihnen aufzeigen, dass es bestimmte Typen von Aufgaben gibt, die sich wiederholen und dass die Techniken, mit denen sich die Aufgaben lösen lassen, gut trainierbar sind. Früher hatte jedes Gymnasium seinen eigenen Stil, das wurde inzwischen vereinheitlicht. Einerseits ist der Stoff der 11. und 12. Klasse sehr dicht gedrängt, aber andererseits lassen sich die Aufgabentypen gut schematisieren und sind im Vergleich zum G9 nicht zu vielfältig. Wenn wir feststellen, dass ein Aufgabentyp nicht mehr aktuell ist, wird er sofort durch einen neuen G8-typischen ersetzt. Somit haben Sie immer die aktuellsten Aufgaben aus bayerischen Gymnasien. Denken Sie daran, dass der Lehrstoff der 12. Klasse absoluter Abiturstoff ist. Mit meinen Kommentaren habe ich die für das Abitur relevanten Aufgaben aufgezeigt – wobei fast alle Aufgaben für das Abitur von Bedeutung sind. Die mit ✔ gekennzeichneten Aufgaben haben sich als G8-Standardaufgaben herausgestellt, d.h. solche Aufgaben finden Sie in nahezu jeder Schulaufgabe. Die mit ▽ gekennzeichneten Aufgaben können so – zumindest als Teilaufgaben – im Abitur gestellt werden.
Mein Ziel ist es, die Motivation und Kreativität aller Jugendlichen beim Lösen von Aufgaben zu fördern und die Angst und Nervosität vor Matheschulaufgaben zu nehmen. Dazu biete ich die ausführliche Lösung der Aufgabenstellung mit Hintergrundinformationen und detaillierter Beschreibung des Lösungsweges an.
Ihr Mathetrainer Claus Arndt

Claus Arndt ***(Dipl.-Mathematiker),*** derzeit Leiter eines Lernstudios, arbeitete als Mathelehrer an einer Realschule und unterrichtet an einem Münchner Gymnasium die Oberstufe. Als Bildungstrainer und Matheprofi erklärt er mit seinem pädagogischen Können den Lernstoff jeder Altersklasse sehr anschaulich und entwickelt aus dem Stegreif eigene praxisbezogene „Testschulaufgaben" zum Trainieren. Er weckt die Neugier der Schüler auf die Rätselwelt der Zahlen und stößt ihnen damit eine Tür zur Mathematik auf. Zudem bringt er seine Erfahrungen aus der freien Wirtschaft mit ein.

www.durchblicker.org

Titelbild: Heinrich Schmid, Überlingen am Ried / Singen am Hohentwiel

ISBN 978-3-943703-12-2

9 783943 703122 >

ISBN: **978-3-943703-12-2**

Inhaltsangabe

Schulaufgaben (Klausuren) aus dem Lehrstoff der Klasse 12 (G8)
in Bayern

Klausuren 1

Schwerpunkt *Integralrechnung* und *Weitere Eigenschaften von Funktionen*

Klausur 1.1

- Flächeninhalt abschätzen mit Obersummen und geometrischen Figuren
- Flächeninhalt bestimmen durch Integration
- Bestimmung unbestimmter Integrale
- Flächeninhalt und Integrationsgrenzen bestimmen
- Integralfunktion
- Bestimmen von Wendetangenten
- Flächen zwischen 2 Funktionen

Klausur 1.2

- Berechnen von bestimmten und unbestimmten Integralen
- Extremwertproblem – maximale Fläche bestimmen
- Integrationsgrenzen bestimmen
- Eigenschaften einer Integralfunktion – Parameterbestimmung
- Komplette Kurvenuntersuchung einer e-Funktion
  - ♦ Nullstellen, Schnittpunkt mit y-Achse, Symmetrieverhalten
  - ♦ Krümmungsverhalten und Wendepunkte bestimmen
  - ♦ Stammfunktion nachweisen
  - ♦ Flächeninhalt bestimmen – Integrationsgrenze geht ins Unendliche

Klausur 1.3

- Berechnen von unbestimmten Integralen
- Bestimmen von Obergrenze eines Integrals
- Bestimmen einer Integralfunktion unter Ausnutzung von Eigenschaften
- Komplette Kurvenuntersuchung einer e-Funktion
  - ♦ Nullstellen und Symmetrie
  - ♦ Extremwerte
  - ♦ Wendepunkte
  - ♦ Nachweis einer Stammfunktion
  - ♦ Nachweis einer Stammfunktion
  - ♦ Graphen skizzieren
  - ♦ Flächeninhalt bestimmen – Integrationsgrenze geht ins Unendliche
- Kombinatorik – Ziehen mit Beachtung der Reihenfolge
- Ziehen mit und ohne Zurücklegen
  - ♦ Baumdiagramm
  - ♦ Bestimmen von Erwartungswerten

Klausuren 2

Schwerpunkt *Zufallsgrößen und Binomialverteilung, Beurteilende Statistik* und *Geraden und Ebenen im Raum*

Klausur 2.1

- Eigenschaften einer gegebenen Geraden
- Angeben einer Ebenengleichung in Parameter- und Koordinatenform
- Schnittpunkt von zwei Geraden
- Kombinatorik – Ziehen aus einer Urne mit einem Griff mit Beachtung der Reihenfolge
- Rechnen mit binomialverteilten Zufallsgrößen
- „Mindestens-„ Aufgabe - n bestimmen

Klausur 2.2

- Erwartungswert – Bestimmen von Wahrscheinlichkeiten
- Kombinatorik – Ziehen aus einer Urne mit einem Griff mit Beachtung der Reihenfolge
- Rechnen mit binomialverteilten Zufallsgrößen – aus Tabelle lesen
- Einseitiger Signifikanztest
- Interpretation Fehler 1. Art
- Ebene bestimmen bei 3 gegebenen Punkten
- Lage der Ebene und einer Geraden
- Schnittpunkt Gerade – Ebene

Klausur 2.3

- Wahrscheinlichkeitsfunktion und Wahrscheinlichkeitsverteilung
- Rechnen mit binomialverteilten Zufallsgrößen
- Wahrscheinlichkeitsfunktion bestimmen – kombinatorische Grundlagen
- Erwartungswert und Varianz berechnen
- linksseitiger und rechtsseitiger Test
- Interpretation von gestellten Hypothesen
- Irrtumswahrscheinlichkeit berechnen
- Interpretation Fehler 1. und 2. Art
- Bestimmung einer Ebenengleichung bei drei gegebenen Punkten
- Lage einer Geraden zu einer Ebenen
- Ebenengleichung in Hessescher Normalform
- Abstandsbestimmungen
- Winkel zwischen Gerade und Ebene

Pool-Musteraufgaben. Länderübergreifende Aufgaben, die ab dem Abi 2014 erstmals eingesetzt werden.

Anhang

- Offizielle Merkhilfe
- Tabelle der kumulierten Binomialverteilung für n = 10 und n = 100
- Notenschlüssel

1. Klausur aus der Mathematik

Aufgabe 1

Die Funktion f ist definiert durch $f(x) = \frac{x^2-2}{(x+2)^2}$ mit eingeschränktem Definitionsbereich $D =]-2; \infty[$ und besitzt den Graph G_f:

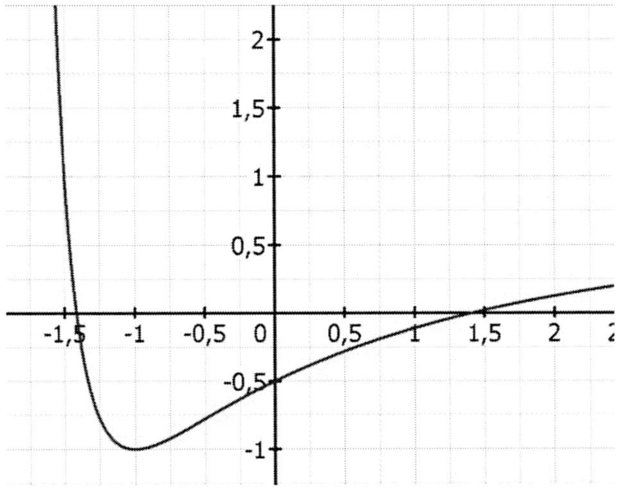

Der Graph G_f, die x-Achse sowie die Geraden $x = -1$ und $x = 1$ umschließen ein endliches Flächenstück vom Inhalt A.

a) Schätzen Sie mit Hilfe der Obersumme von vier Rechtecken gleicher Breite die Fläche A nach oben ab (2 Dezimalen).

b) Zeigen Sie, dass $F: x \mapsto x - 4 \cdot \ln(x+2) - \frac{2}{x+2}$ für $x > -2$ eine Stammfunktion ist. Bestimmen Sie den Flächeninhalt A durch Integration (2 Dezimalen).

c) Besser als durch die Obersumme in Teilaufgabe a) lässt sich im konkreten Fall der Flächeninhalt A durch den Flächeninhalt eines geeigneten Trapezes abschätzen. Geben Sie die Eckpunkte eines geeigneten Trapezes an und berechnen Sie seinen Flächeninhalt.

Aufgabe 2

Bestimmen Sie die unbestimmten Integrale:

a) $\int \sin(3x+3)dx$ b) $\int \frac{1}{3}x^3 e^{x^4} dx$ c) $\int \frac{1}{4-5x} dx$

Aufgabe 3

Das zwischen der Parabel $f(x) = 0{,}1x^2$, der x-Achse und der Geraden $x = 6$ liegende Flächenstück soll durch eine Parallele zur y-Achse halbiert werden. Wie lautet die Gleichung der Parallelen.

Aufgabe 4

Wo hat der Graph der Funktion $F(x) = \int_1^x (t^4 - 8t - 7)dt$ einen Wendepunkt?
Welchen Satz verwenden Sie dabei? Wie lautet dieser?

bitte wenden!

Aufgabe 5

Die Funktion f ist definiert durch
$f(x) = x^4 - 2x^3 + 3$.

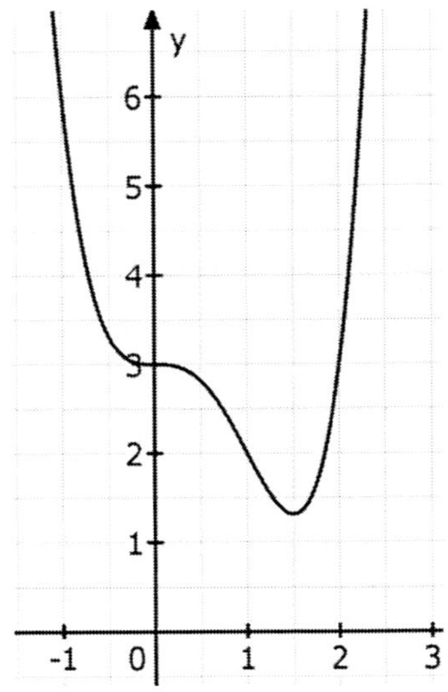

a) Untersuchen Sie die Funktion auf Wendepunkte und Krümmungsverhalten.

b) Bestimmen Sie die Wendetangenten.
[Zwischenergebnis: $f(x) = -2x + 4$]

c) Die Funktion f(x), die y-Achse und die nicht waagrechte Wendetangente schließen ein Flächenstück ein.
Bestimmen Sie dessen Flächeninhalt.

Viel Erfolg !

mögliche Punkteverteilung

Aufgabe	1a	1b	1c	2a	2b	2c	3	4	5a	5b	5c	
Punkte	3	6	3	3	3	3	4	4	4	3	5	**41**

Vorüberlegungen Klausur 1.1

Lösung Klausur 1.1

Allgemeine Hinweise
Die Themen dieser Klausur sind „Integralrechnung" mit Schwerpunkt Stammfunktionen und Flächenberechnung. Ein weiteres Thema ist die „zweite Ableitung, Krümmungsverhalten und Wendepunkte".
Zeit 50 Minuten

zu Aufgabe 1
Die Berechnung von Obersummen um einen Flächeninhalt annähernd zu bestimmen wird in dieser Aufgabe verlangt. Es wird eine Stammfunktion gegeben und es ist nachzuweisen, dass diese eine Stammfunktion zu f(x) ist. Dies geschieht durch Differentiation, was ja Thema in der Jahrgangsstufe 11 war. Bei Kurvenuntersuchungen muss selten ein Integral ausgerechnet werden. Interessant ist die Näherung der Fläche mittels einer Trapezfläche.

zu Aufgabe 2
Absoluter Standard und damit in fast jeder Klausur gestellt, sind Aufgaben bzgl. den wichtigen unbestimmten Integralen, wie diese in der Merkhilfe Seite 3 vermerkt sind.

zu Aufgabe 3
In dieser Aufgabe wird eine Flächenberechnung verlangt, wobei die Integralbildung relativ einfach ist. Die Bestimmung von Integrationsgrenzen bei gegebener Fläche gehört auch zu den Standardaufgaben.

zu Aufgabe 4
Der Zusammenhang zwischen Integralfunktion F(x), f(x) und deren Ableitungen sind immer wieder beliebte Themen in Schulaufgaben, wobei dieser Bereich auch schon in der 11. Klasse behandelt wurde. Nach Anwendung (oder Erwähnung) des HDI- Hauptsatzes der Differential- und Integralrechnung", folgt wiederum das mehrfache Differenzieren einer Funktion zwecks Kurvenuntersuchung - wie in der Klasse 11 bereits praktiziert.

zu Aufgabe 5
Auch diese Aufgabe stellt eine Weiterführung der Kurvenuntersuchung aus Klasse 11 dar. Näher diskutiert werden die 2. Ableitung, das Krümmungsverhalten und das Errechnen von Wendepunkten. Äußerst wichtig ist die Bestimmung von Tangenten. Die Tangente ist ja eine lineare Funktion und es wird dann nach dem Flächeninhalt zwischen zwei Funktionen gefragt. Absolut interessante und hochwertige Aufgabe.

Fazit
Faire Klausur, die bzgl. des Schwierigkeitsgrads dem allgemeinen Standard entspricht. Machbare Aufgaben sind Nr. 2 und 3. Zur Lösung der Aufgaben Nr. 4 und 5 braucht man schon ein fundiertes Wissen.

Lösung Klausur 1

Aufgabe 1

Hinweise und Tipps

- zu a) Vier gleich breite Rechtecke auf einer Länge von 2 bedeutet: Breite eines Rechtecks beträgt 0,5 cm. Längen sind immer positiv
- zu b) Die Ableitung von ln x ist $\frac{1}{|x|}$
- zu c) Der Flächeninhalt eines Trapezes $A = 0{,}5 \cdot (a + c) \cdot h$, wobei a und c die parallelen Strecken sind. Die Längen von a und c sind bereits in Teilaufgabe a) berechnet. h = 2 (von −1 bis +1)
- Zur Kontrolle: Es muss gelten $A_2 < A_3 < A_1$

$f(x) = \frac{x^2-2}{(x+2)^2}$

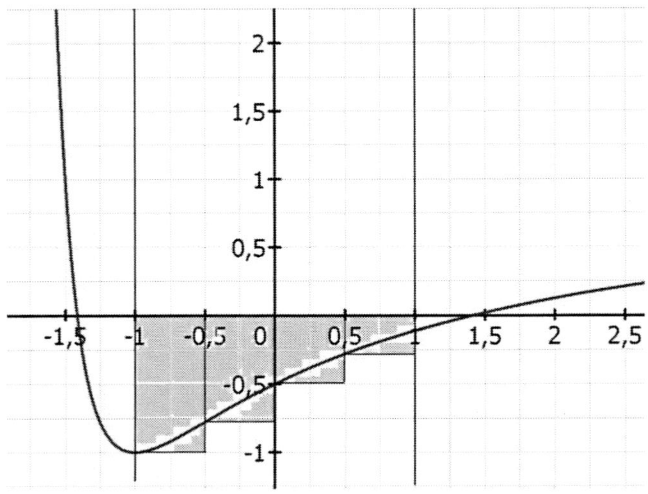

a) Die vier Rechtecke haben alle die Breite 0,5. Mit dem Taschenrechner folgt für die Längen der Rechtecke:

$f(-1) = -1$ $\quad$ $f(-0{,}5) = -\frac{7}{9}$

$f(0) = -0{,}5$ $\quad$ $f(0{,}5) = -0{,}28$

$f(1) = -\frac{1}{9}$

Dann errechnen sich die Flächen der vier Rechtecke:

$A_1 = (1 + \frac{7}{9} + 0{,}5 + 0{,}28 + \frac{1}{9}) \cdot 0{,}5 =$

$(1{,}78 + \frac{8}{9}) \cdot 0{,}5 = 1{,}33$ FE

b) Nach dem Hauptsatz der Differential- und Integralrechnung gilt: f(x) = F'(x)

$F(x) = x - 4 \cdot \ln(x+2) - \frac{2}{x+2}$

$F'(x) = 1 - \frac{4}{|x+2|} - \frac{-2}{(x+2)^2} = \frac{(x+2)^2 - 4(x+2) - 2}{(x+2)^2} = \frac{x^2+4x+4-4x-8+2}{(x+2)^2} = \frac{x^2-2}{(x+2)^2} = f(x)$

$A_2 = \left[x - 4 \cdot \ln(x+2) - \frac{2}{x+2}\right]_{-1}^{1} = 1 - 4 \cdot \ln 3 - \frac{2}{3} - (-1 - 4 \cdot \ln 1 - 2) = 4 - 4 \cdot \ln 3 - \frac{2}{3}$

$= -1{,}06$

Der Flächeninhalt beträgt 1,06 FE.

c)
Die Eckpunkte sind x = −1 und x = +1.

$A_3 = 0{,}5 \cdot (|f(-1)| + |f(1)|) \cdot 2 =$

$0{,}5 \cdot (1 + \frac{1}{9}) \cdot 2 =$

1,11 FE

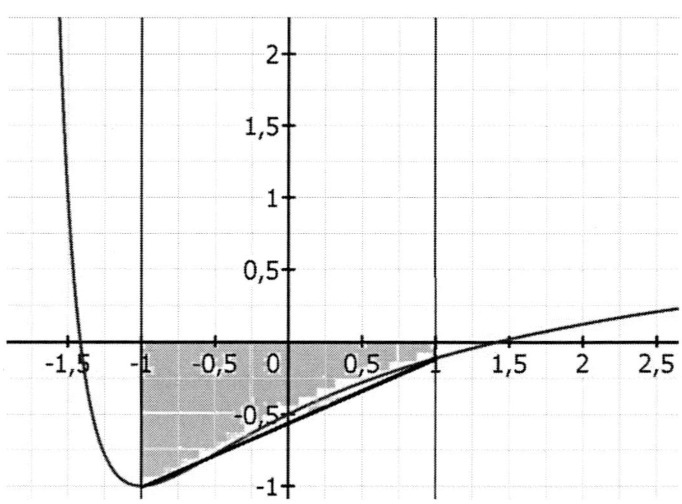

Aufgabe 2

Hinweise und Tipps

- zu a) $\int \sin x \, dx$ ist ein Standardintegral (siehe Merkhilfe Mathematik). Dann ist folgende Regel anzuwenden: $\int f(ax+b)dx = \frac{1}{a}F(ax+b) + C$
- zu b) Ebenfalls wichtige Regel: $\int f'(x)e^{f(x)}\,dx = e^{f(x)} + C$.
  Es ist $f(x) = x^4$ und $f'(x) = 4x^3$
- zu b) Damit vor der e-Funktion die Ableitung des Arguments steht, muss $\frac{1}{12}$ ausgeklammert werden. Hier ist $f(x) = x^4$ und damit $f'(x) = 4x^3$
- zu c) Wichtige Regel: $\int \frac{f'(x)}{f(x)}dx = \ln|f(x)| + C$
  Hier ist $f(x) = 4 - 5x$ und damit $f'(x) = -5$
- zu c) Es muss $-\frac{1}{5}$ ausgeklammert werden, damit im Zähler die Ableitung von der Nennerfunktion steht

a) $\int \sin(3x+3)dx = \frac{1}{3}\cdot(-\cos(3x+3)) + C = -\frac{1}{3}\cos(3x+3) + C$

b) $\int \frac{1}{3}x^3e^{x^4}dx = \frac{1}{3\cdot 4}\int 4x^3\,e^{x^4}dx = \frac{1}{12}e^{x^4} + C$

c) $\int \frac{1}{4-5x}\,dx = -\frac{1}{5}\int \frac{-5}{4-5x}\,dx = -\frac{1}{5}\cdot\ln|4-5x| + C$

Aufgabe 3

Hinweise und Tipps

- Es ist zuerst die Fläche auszurechnen
- Danach ist für die Hälfte des Flächeninhalts die rechte Integrationgrenze zu besimmen

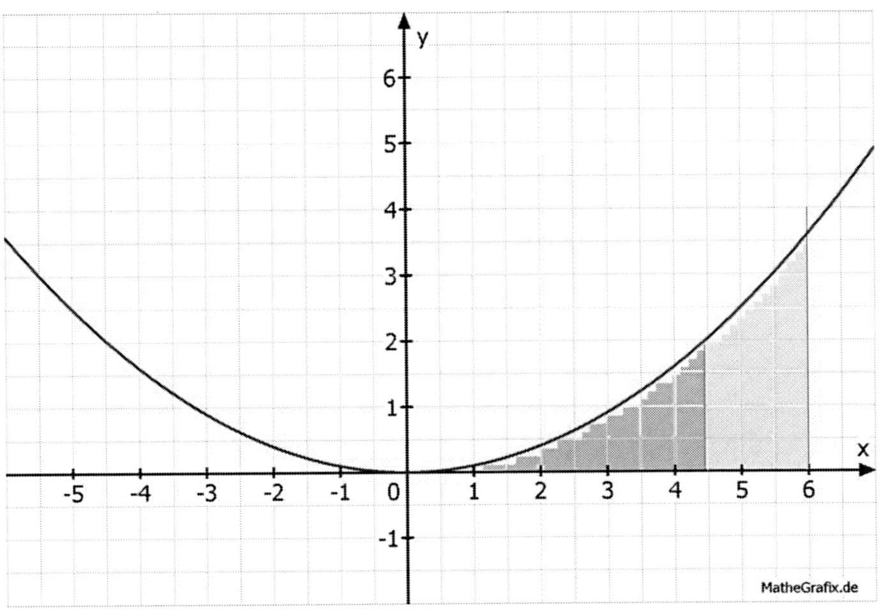

$A = \int_0^6 0{,}1x^2\,dx = \left[0{,}1 \cdot \frac{1}{3}x^3\right]_0^6 = 7{,}2$ FE

Fläche von $x = 0$ bis $x = c$:

$\frac{A}{2} = \int_0^c 0{,}1x^3\,dx = \left[0{,}1 \cdot \frac{1}{3}x^3\right]_0^c = 3{,}6 \quad \Leftrightarrow \quad \frac{1}{30}c^3 = 3{,}6 \quad \Leftrightarrow \quad c^3 = 108 \quad \Leftrightarrow$

$c = \sqrt[3]{108} \approx 4{,}76$

Die Gleichung der Prallelen lautet $x = 4{,}76$.

Aufgabe 4

Hauptsatz der Differential - und Integralrechnung (HDI):

Jede Integralfunktion einer stetigen Funktion ist differenzierbar. Die Ableitung ist gleich dem Wert des Integranden an der oberen Grenze: Kurz Die Integration ist die Umkehrung der Differentiation.

Nach dem HDI gilt: $F'(x) = f(x)$ und $F''(x) = f'(x)$

$f'(x) = 4x^3 - 8$

$f'(x) = 0 \quad \Leftrightarrow \quad 4x^3 - 8 = 0 \quad \Leftrightarrow \quad x^3 = 2 \quad \Leftrightarrow \quad x_W = \sqrt[3]{2}$

Links von x_W ist $f'(x) < 0$ und rechts davon $f'(x) > 0$, also bei x_W findet ein Vorzeichenwechsel satt, d.h. bei x_W ist ein Wendepunkt.

Aufgabe 5

$f'(x) = 4x^3 - 6x^2$

$f''(x) = 12x^2 - 12x$

a) Bestimmung der Wendepunkte: $f''(x) = 0$

$12x^2 - 12x = 0 \qquad |$ 12x ausklammern

$12x(x - 1) = 0$

$x_1 = 0 \qquad$ mit $f(x_1) = f(0) = 3 \qquad W_1(0|3)$

$x_2 = 1 \qquad$ mit $f(x_2) = f(1) = 1 - 2 + 3 = 2 \qquad W_2(1|2)$

	$x < 0$	$x = 0$	$x > 0$	$x = 1$	$x > 1$
$f''(x)$	$f''(x) > 0$	Wendepunkt	$f''(x) < 0$	Wendepunkt	$f''(x) > 0$
Krümmung	links		rechts		links

Bei $x = 0$ und bei $x = 1$ hat f" jeweils einen Vorzeichenwechsel. Somit sind W_1 und W_2 Wendpunkte.

b) Bestimmung der Wendetangenten:

Für $W_1(0|3)$: Es ist $f'(0) = 0 \qquad \Rightarrow t_1(x) = 3$ ist waagrechte Wendetangente.

Für $W_2(1|2)$: Es ist $f'(1) = 4 \cdot 1 - 6 \cdot 1 = -2 = m$

$t_2(x) = -2x + t \qquad W_2$ einsetzen $\Rightarrow 2 = -2 \cdot 1 + t \qquad \Rightarrow t = 4$

$t_2(x) = -2x + 4$ ist Wendetangente für W_2

c) Bestimmung der Fläche:

$A = \int_0^1 (t_2(x) - f(x))dx = \int_0^1 (-2x + 4 - x^4 + 2x^3 - 3)dx =$

$\int_0^1 (-x^4 + 2x^3 - 2x + 1)dx =$

$[-0{,}2x^5 + 0{,}5x^4 - x^2 + x]_0^1 = -0{,}2 + 0{,}5 - 1 + 1 =$

0,3 FE

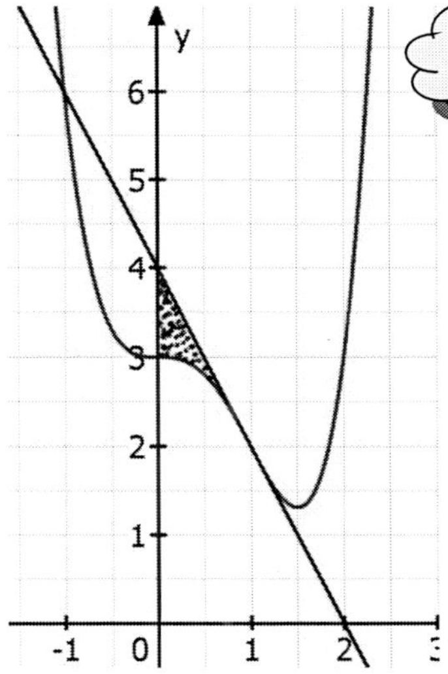

Lösung Klausur 1.1

1. Klausur aus der Mathematik

Aufgabe 1

a) Berechnen Sie den Wert des Integrals: $\int_1^2 \frac{6}{x^2}\,dx$

b) Berechnen Sie die unbestimmten Integrale:

1) $\int \ln(5x+4)\,dx$ 2) $\int \frac{2x^2}{3x^3-4}\,dx$

Aufgabe 2

Der Graph der Funktion $f(x) = x^2 - \frac{1}{6}x^3$ ($0 \leqq x \leqq 6$) und die x-Achse begrenzen im 1. Feld die Fläche A (siehe Abbildung). Ein zur y-Achse paralleler Streifen mit der Breite 3 soll so gelegt werden, dass er aus der Fläche A ein Flächenstück möglichst großen Inhalts ausschneidet. (Siehe untenstehendes Beispiel) Bestimmen Sie die Gleichung der beiden Parallelen, die den Streifen begrenzen.

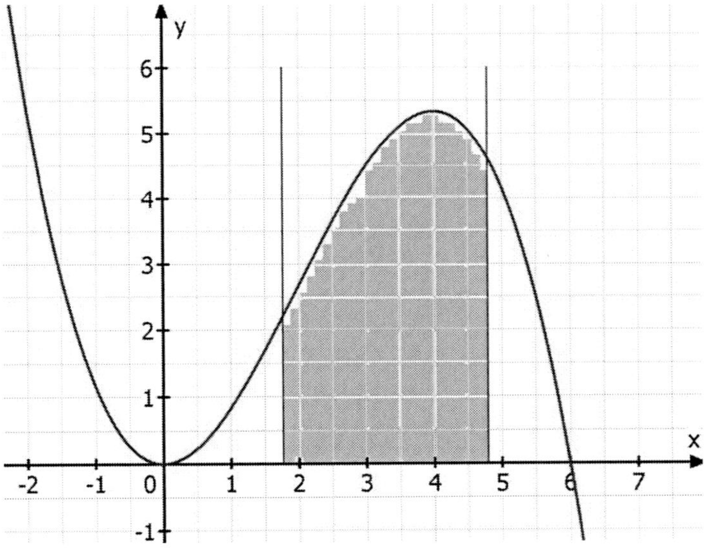

Aufgabe 3

Bestimmen Sie die Koeffizienten b, c, d ∈ ℝ der Funktion f mit $f(x) = x^3 + bx^2 + cx + d$, $D_f = \mathbb{R}$ so, dass folgende Eigenschaften erfüllt sind.

(1) Alle Integralfunktionen haben bei $x = 1$ ein (lokales) Extremum

(2) Für $F(x) = \int_0^x f(t)\,dt$ gilt: $F(-1) = \frac{1}{4}$

(3) Alle Integralfunktionen zu f haben bei $x = 0$ einen Wendepunkt

bitte wenden!

Aufgabe 4

Gegeben ist die Funktion $f: x \mapsto e^x \cdot (x-1)$, $D = \mathbb{R}$

Der Graph von f wird mit G bezeichnet.

a) Berechnen Sie die Schnittpunkte von G mit den Koordinatenachsen und bestimmen Sie das Verhalten von f für $x \to \pm\infty$.

b) Bestimmen Sie Lage und Art des Extrempunktes von G. Untersuchen Sie das Krümmungsverhalten von G und geben Sie die Lage des Wendepunktes an.
[Zur Kontrolle $f'(x) = x \cdot e^x$]

c) Zeichnen Sie den Graphen unter Verwendung der bisherigen Ergebnisse im Bereich $-3 \leqq x \leqq 2$ in ein Koordinatensystem.

d) Zeigen Sie, das $F(x) = e^x \cdot (x-2)$ eine Stammfunktion von f ist.

e) Prüfen Sie, ob sich die ins $-\infty$ erstreckende Fläche im 3. Quadranten, die von von der x-Achse und dem Graphen G eingeschlossen wird, einen endlichen Flächeninhalt hat. Bestimmen Sie gegebenenfalls diesen Inhalt.

Viel Erfolg !

mögliche Punkteverteilung

Aufgabe	1a	$1b_1$	$1b_2$	2	3	4a	4b	4c	4d	4e	
Punkte	3	3	3	5	6	4	4	2	2	3	**33**

Vorüberlegungen Klausur 1.2

Lösung
Klausur 1.2

Allgemeine Hinweise
Diese Klausur beinhaltet die beiden Kapitel „Integralrechnung“ und „Eigenschaften von Funktionen und deren Graphen“. Der Umfang beider Kapitel kommt voll zum Tragen. Die Wahrscheinlichkeitstheorie findet hier noch keinen Eingang, da eine derartige Klausur schon Anfang Dezember geschrieben wurde.
Zeit: 50 Minuten.

zu Aufgabe 1
Bei Teilaufgabe a) muss der Wert des Integrals bestimmt werden. Die Integration der Funktion ist nicht besonders schwierig. Also eine machbare Einstiegsaufgabe.
Die beiden Teilaufgaben b) prüfen das Wissen über Integrationsregeln, wie diese in der „Merkhilfe Mathematik“ Seite 3 aufgeführt werden. Derartige Aufgaben haben sich als absoluter Standard für Klausuren der 12. Klasse im G8 entwickelt. Also unbedingt beherrschen um leicht zu punkten.

zu Aufgabe 2
Für diese Aufgabe bzgl. der Extremwertbestimmung braucht man schon eine mathematische Selbstsicherheit und auch Kombinationsvermögen. Die Aufgabe besteht aus zwei Teilen:
1. Integration mit variablen Grenzen. Das Berechnen des Integrale ist keine Herausforderung, aber der Ansatz (linke Grenze k und rechte Grenze $k + 3$) ist zu bringen. Diese Variablen führen auf eine Funktion für die Fläche in Abhängigkeit von k.
2. Bestimmung des Extremwertes für die Variable. Das wiederum ist Stoff der 11. Klasse, den man aber bis zum Abitur immer anwenden können sollte.

zu Aufgabe 3
Derartige Aufgabentypen zur Bestimmung von Parametern einer Funktion werden im Gegensatz zum neunjährigen Gymnasium nicht mehr so intensiv bearbeitet. Aber diese Aufgaben werden trotzdem noch gerne gestellt, um die Eigenschaften von Integralen bzw. Integralfunktionen zu prüfen. Die Eigenschaft (3) hat es in sich: Die Integration ist auszuführen, aber durch die Nullstelle einer Integralfunktion (hier für $x = 0$) wird dann der neu hinzukommende Parameter $e = 0$.

zu Aufgabe 4
Diese Aufgabe ist absoluter Abiturstandard und erfüllt nahezu jede Anforderungen einer Kurvenuntersuchung. Mit ziemlicher großer Wahrscheinlichkeit wird in jeder 1. Klausur der Q12 eine Aufgabe bzgl. dem Krümmungsverhalten und Berechnung von Wendepunkten gestellt. Sehr beliebt ist auch das Errechnen einer Fläche, die ins Unendliche reicht.

Fazit
Diese Klausur ist anspruchsvoll und geht über das bloße Abfragen von Formeln und Standardrechnungen hinaus.

Lösung Klausur 1.2

Aufgabe 1

Hinweise und Tipps

- zu a) Denke an die Potenzregel: $\frac{1}{x^n} = x^{-n}$. Dann kann man die wichtigste Integrations-Regel anwenden: $\int x^r \, dx = \frac{x^{r+1}}{r+1} + C$
- zu b1) $\int \ln x \, dx$ ist ein Standardintegral (sieh Merkhilfe Mathematik). Dann ist folgende Regel anzuwenden: $\int f(ax+b)dx = \frac{1}{a}F(ax+b) + C$
- zu b2) Wichtige Regel: $\int \frac{f'(x)}{f(x)} dx = \ln|f(x)| + C$
  Hier ist $f(x) = 3x^3 - 4$ und damit $f'(x) = 9x^2$
- zu b2) Es muss $\frac{2}{9}$ ausgeklammert werden, damit im Zähler die Ableitung von der Nennerfunktion steht

a) $\int_1^2 \frac{6}{x^2} dx = 6\int_1^2 x^{-2} dx = 6 \cdot [-1x^{-1}]_1^2 = -6 \cdot (2^{-1} - 1^{-1}) = -6 \cdot (-0{,}5) = 3$

b1) $\int \ln(5x+4)\, dx = \frac{1}{5}[(-5x-4) + (5x+4) \cdot \ln(5x+4) + C$

b2) $\int \frac{2x^2}{3x^3-4} dx = \frac{2}{9}\int \frac{9x^2}{3x^3-4} dx = \frac{2}{9}\ln|3x^3-4| + C$

Aufgabe 2

Hinweise und Tipps

- Die Parallelen, die in dieser Aufgabe genannt werden, sind die Integrationsgrenzen.
- k muss $\geqq 0$ und $k \leqq 3$, damit der Streifen nicht über die obere Grenze 6 geht
- Der Trick bei dieser Aufgabe ist, dass die Integrationsgrenzen mit einer Variablen (z.B. k) dargestellt werden können.
- Achtung: Es wird NICHT nach dem Flächeninhalt gefragt. Somit ist diese auch nicht auszurechen, d.h. es muss nicht integriert werden - eine enorme Zeitersparnis.
- Den Extremwert einer Funktion erhält man, indem man die 1. Ableitung dieser Funktion 0 setzt.

Seit $x = k$ die ($k \in [0; 3]$ Gleichung der linken Parallele, dann ist $x = k + 3$ die Gleichung der rechten Parallele.

Dann gilt: $A(k) = \int_k^{k+3} \left(x^2 - \frac{1}{6}x^3\right) dx$

$A'(k) = f(k+3) - f(k) = (k+3)^2 - \frac{1}{6}(k+3)^3 - (k^2 - \frac{1}{6}k^3) =$

$k^2 + 6k + 9 - \frac{1}{6} \cdot (k^3 + 9k^2 + 27k + 27) - k^2 + \frac{1}{6}k^3 = 6k + 9 - \frac{3}{2}k^2 - \frac{9}{2}k - \frac{9}{2} =$

$-\frac{3}{2}k^2 + \frac{3}{2}k + \frac{9}{2}$

$A'(k) = 0 \quad \Leftrightarrow \quad k^2 - k - 3 = 0$

Mitternachtsformel: $k_{1/2} = \frac{1 \pm \sqrt{1 - 4 \cdot 1 \cdot (-3)}}{2} = \frac{1 \pm \sqrt{13}}{2}$; $\quad k = -1{,}3$ geht nicht, da $k < 0$

$k = 2{,}3$

linke Parallele: $x = 2{,}3$ rechte Parallele: $x = 5{,}3$

Aufgabe 3

Lösung
Klausur 1.2

Hinweise und Tipps

- Hier ist der Trick: Die neue Variable e, die ja durch die Integration entsteht, ist gleich 0, da jede Integralfunktion eine Nullstelle hat, nämlich für x = „untere Integrationsgrenze" (hier = 0)
- Nach dem HDI (Hauptsatz der Differential- und Integralrechnung) ist $F'(x) = f(x)$

Eigenschaft (1): $f(1) = 0 \quad \Leftrightarrow f(1) = 0 = 1^3 + b\cdot 1^2 + c\cdot 1 + d \Leftrightarrow 1 + b + c + d = 0$

Eigenschaft (3): $f'(x) = 3x^2 + 2bx + c$

$f'(0) = 0 = 3\cdot 0^2 + 2b\cdot 0 + c \quad \Leftrightarrow c = 0$

Eigenschaft (2):

$F(x) = \frac{1}{4}x^4 + \frac{1}{3}bx^3 + \frac{1}{2}cx^2 + dx + e$

F(x) hat für x = 0 eine Nullstelle $\quad \Rightarrow e = 0$

$F(-1) = \frac{1}{4}\cdot(-1)^4 + \frac{1}{3}b\cdot(-1)^3 + \frac{1}{2}c\cdot(-1)^2 + d\cdot(-1) = \frac{1}{4} \quad \Leftrightarrow$

$\frac{1}{4} \quad - \frac{1}{3}b \quad + \frac{1}{2}c \quad - d \quad = \frac{1}{4} \quad | \cdot 4 \text{ und } c = 0$

$-\frac{1}{3}b \quad - d = 0 \quad \Leftrightarrow \quad b = -3d$

Insgesamt: (2) und (3) in (1) einsetzen: $1 - 3d + d = 0 \quad \Leftrightarrow d = 0{,}5$

In (3) einsetzen; $b = -3 \cdot 0{,}5 = -1{,}5$

$f(x) = x^3 - 1{,}5x^2 + 0{,}5$

Aufgabe 4

Hinweise und Tipps

- zu a) Die Art des Extremwertes kannst du auf zwei Arten zeigen:
  1. Durch Einsetzen in die 2. Ableitung
  2. Durch Untersuchung eines Wechsels des Monotonieverhaltens
- Den Nachweis eines Wendepunktes kannst du auf zwei Arten zeigen:
  1. Durch $f''(x) = 0$
- 2. Durch Untersuchung eines Wechsels beim Krümmungsverhalten
- zu e) Oft muss die Fläche mit einer Integrationsgrenze $+\infty$ oder $-\infty$ berechnet werden. Es ist sinnvoll, dass man einen festen Wert k einsetzt. Dann errechnet man den Grenzwert für $k \to -\infty$ (oder $k \to \infty$)

$f: x \mapsto e^x \cdot (x - 1), D = \mathbb{R}$

a) Schnittpunkt mit der y-Achse: x = 0: $\quad f(0) = e^0 \cdot (0 - 1) = -1 \quad T(0|-1)$

Schnittpunkt mit der x-Achse: y = 0: $\quad 0 = e^x \cdot (x - 1) \quad \Leftrightarrow \quad e^x = 0$ keine Lösung

$x - 1 = 0 \quad N(1|0)$

$\lim_{x\to\infty} f(x) = \lim_{x\to\infty} e^x \cdot (x - 1) = \infty$, da beide Faktoren gegen Unendlich gehen.

$\lim_{x\to-\infty} f(x) = \lim_{x\to-\infty} e^x \cdot (x - 1) = 0$, da $e^x \to 0$ und $x - 1 \to -\infty$, aber das Verhalten von e^x den Ausschlag gibt, da e^x schneller konvergiert als jede Potenzfunktion von x. Aus dem letzten Grenzwert folgt: die (negative) x-Achse ist eine waagrechte Asymptote.

b) Bestimmung von Extremwerten: $f'(x) = 0$

Die 1. Ableitung wird mit Hilfe der Produktregel bestimmt:

$f'(x) = e^x \cdot (1 - x) + e^x \cdot (-1) = e^x \cdot (1 - x - 1) = e^x \cdot x$

1. Lösungsweg:

$e^x \cdot x = 0 \quad \Leftrightarrow x = 0; \quad e^x = 0$ keine Lösung

2. Lösungsweg:

Lösung
Klausur 1.2

Ein Extremwert liegt genau dann vor, wenn die 1. Ableitung ihr Vorzeichen wechselt.
Die 1. Ableitung ändert ihr Vorzeichen für $f'(x) = 0$.
Die Art des Extremwertes sowie das Krümmungsverhalten werden mit Hilfe der 2. Ableitung bestimmt. Mit der Produktregel gilt:
$f''(x) = e^x \cdot x + e^x = e^x \cdot (1 + x)$.
1. Lösungsweg: Einsetzen von $x = 0$ in $f''(x)$ $\Rightarrow x = 0$:
Wegen $f''(0) = e^0 \cdot (-1 + 2) = 1 > 0$ folgt, dass der Extremwert $T(0|-1)$ ein Tiefpunkt ist.
2. Lösungsweg: Vorzeichenwechsel
Die Art des Extremwertes kann auch aus der Monotonie bestimmt werden. Es gilt:
$f'(x) > 0$ für $x > 0$ $\Rightarrow$ f ist streng monoton wachsend (z.B. durch Einsetzen von $x = 1$)
$f'(x) < 0$ für $x < 0$ $\Rightarrow$ f ist streng monoton fallend
Aus dem Monotonieverhalten in der Umgebung von $x = 0$ ergibt sich der Tiefpunkt $T(0|-1)$.
Bestimmung von Wendpunkten: $f''(x) = 0$
$e^x \cdot (1 + x) = 0 \quad \Leftrightarrow 1 + x = 0 \quad \Leftrightarrow x = -1$; $e^x = 0$ keine Lösung
$f(-1) = e^{-1} \cdot (-1 - 1) = -2 \cdot e^{-1} \approx -0{,}74$

Das Krümmungsverhalten ändert sich, wenn die 2. Ableitung ihr Vorzeichen ändert:
$f''(x) > 0$ für $x > -1$ Linkskrümmung (durch Einsetzen eines x-Wertes größer -1)
$f''(x) < 0$ für $x < -1$ Rechtskrümmung (durch Einsetzen eines x-Wertes kleiner -1)
An der Stelle $x = -1$ ändert der Graph sein Krümmungsverhalten $\Rightarrow W(-1|-0{,}74)$ ist ein Wendepunkt.

c)

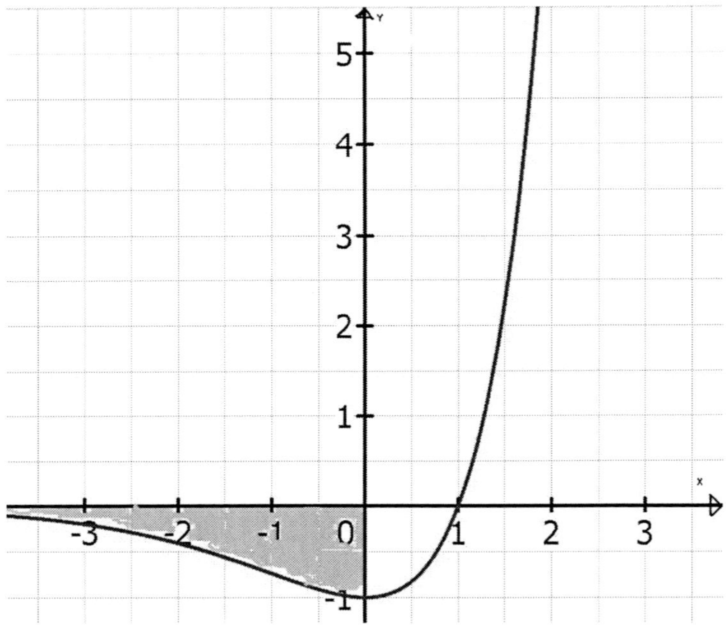

d) Wenn $F(x) = e^x \cdot (x - 2)$ eine Stammfunktion von f ist, dann muss nach dem HDI (Hauptsatz der Differential- und Integralrechnung) gelten: $F'(x) = f(x)$.
Mit der Produktregel folgt:

$F'(x) = e^x \cdot (x - 2) + e^x \cdot 1 = e^x \cdot (x - 1) = f(x)$

e) Wähle eine $k < 0$ als linke Integrationsgrenze.
Da das Flächenstück unterhalb der x-Achse liegt, gilt:

$A = -\int_k^0 f(x)\,dx = -[e^x \cdot (x-2)]_k^0 = -\{-e^0 \cdot (-2) - e^k \cdot (k-2)\} = 2 + e^k \cdot (k-2)$
$\lim_{x \to -\infty}\{2 + e^k (k-2)\} = \lim_{x \to -\infty} 2 + \lim_{x \to -\infty} e^k \cdot (k-2) \quad = 2;$
Der 2. Summand strebt gegen 0, da das Verhalten von e^x den Ausschlag gibt. e^x konvergiert schneller als jede Potenzfunktion von x.

1. Klausur aus der Mathematik

Aufgabe 1

Bestimmen Sie jeweils das unbestimmte Integral

a) $\int \sqrt{2x^3}\,dx$ b) $\int \frac{\sin x}{\cos x}\,dx$ c) $\int -4xe^{x^2+5}\,dx$

Aufgabe 2

Welche Werte kann $b \in \mathbb{R}$ annehmen, damit folgende Gleichung stimmt? (mit kurzer geometrischer Begründung!)

$$\int_{-3}^{b} x^5\,dx = 0$$

Aufgabe 3

Gegeben ist die Funktion $f: x \mapsto 3x^3 - 6x$; $D = \mathbb{R}$

a) Bestimmen Sie eine Integralfunktion F von f, die bei $x = 2$ eine Nullstelle hat. Geben Sie das Ergebnis ohne Integralzeichen an.

b) An welchen Stellen hat der Graph von F waagrechte Tangenten?

Aufgabe 4

Gegeben ist die Funktion $h: x \mapsto 2xe^{-\frac{1}{2}x^2+1}$ $D_h = \mathbb{R}$

a) Ermitteln Sie die Nullstellen der Funktion h und untersuchen Sie den Graphen G_h auf Symmetrie zum Koordinatensystem!

b) Bestimmen Sie die erste und zweite Ableitung von h!

(Zur Kontrolle: $h'(x) = (-2x^2 + 2)\, e^{-\frac{1}{2}x^2+1}$)

c) Ermitteln Sie die Art und Lage der Extrempunkte!

d) Der Graph besitzt 3 Wendepunkte. Bestimmen Sie deren Lage!

e) Zeichen Sie den Graphen unter Verwendung der bisherigen Ergebnisse in ein Koordinatensystem!

f) Zeigen Sie, dass $H(x) = -2e^{-\frac{1}{2}x^2+1}$ eine Stammfunktion von $h(x)$ ist!

g) Berechnen Sie $J(c) = \int_0^c h(x)dx$, $c > 0$ und kennzeichnen Sie die zugehörige Fläche im Koordinatensystem!

h) Wie verhält sich $J(c)$ für $c \to \infty$! Was bedeutet dies geometrisch?

Aufgabe 5

In einer Reihe sollen 1 Mathematiker, 2 Informatiker und 3 Geologen so angeordnet werden, dass keine zwei Geologen nebeneinander stehen. Wie groß ist die Wahrscheinlichkeit dafür, wenn die Anordnung rein zufällig geschieht?

bitte wenden!

Aufgabe 6

Ihnen werden die beiden Lotterien „Glückspilz“ und „Hufeisen“ angeboten. Bei beiden Lotterien werden aus einer Urne, die fünf Zettel mit den Buchstaben A, B, C, D und E enthält, drei Zettel nacheinander entnommen.
Bei Glückspilz wird ohne Zurücklegen gezogen, bei Hufeisen mit Zurücklegen.
Ihr Einsatz beträgt bei beiden Lotterien 1 €.
Besteht das Ergebnis der Ziehungen aus den Zetteln A, B, C (Reihenfolge spielt keine Rolle), so erhalten Sie 10 € bei Glückspilz und 25 € bei Hufeisen ausbezahlt. Ansonsten verlieren Sie Ihren Einsatz (und gewinnen nichts).
Welche der beiden Lotterien bevorzugen Sie, wenn Sie den Erwartungswert des Gewinns für Ihre Entscheidung zugrunde legen?

Viel Erfolg !

mögliche Punkteverteilung

Aufgabe	1a	1b	1c	2	3a	3b	4a	4b	4c	4d	4e	4f	4g	4h	5	6	

Punkte	2	3	3	3	4	3	3	3	3	3	2	2	3	3	4	4	**48**

Vorüberlegungen Klausur 1.3

Lösung
Klausur 1.3

Allgemeine Hinweise
Themen dieser 2. Klausur sind die Kapitel „Integralrechnungen", „Kurvenuntersuchungen inklusive Wendepunkte", Erwartungswert" und „Kombinatorik". Die Klausur, die als Basis für diese Ausarbeitung steht, wurde kurz vor den Weihnachtsferien geschrieben. So kommen auch Themen der Stochastik zum Zuge.
Zeit 60 Minuten

zu Aufgabe 1
Wie bei allen Klausuren: Bestimmungen von Integralen. Unausweichlich sind die Integrationsregeln, bei denen die Ableitung f'(x) einer Funktion vorkommt. Das Erlernen dieser Formeln ist ein absolutes Muss.

zu Aufgabe 2
Aufgepasst, die Funktion $f(x) = x^5$ ist punktsymmetrisch. D.h. die Flächen links und rechts des Symmetriezentrums sind flächengleich, aber haben ein unterschiedliches Vorzeichen. Die Flächenbilanz (ein neues Thema des G8) dieser Funktion ist auf Grund der Symmetrie Null.

zu Aufgabe 3
Die Bestimmung von Intergralfunktionen wird auch sehr oft geprüft. Wichtig ist die Eigenschaft, dass jede Integralfunktion mindestens eine Nullstelle besitzt. Die Erwähnung des Hauptsatzes der Differential- und Integralrechnung sollte man auch immer parat haben: Die Integralfunktion I_a von f ist eine Stammfunktion von f.

zu Aufgabe 4
Diese Aufgabe bzgl. der Kurvenuntersuchung einer e-Funktion umfasst nahezu alles, was zu diesem Aufgabentypus gehört. Wichtig ist: Wendepunkte sind immer ein Thema einer Klausur in der Q12. Abgerundet wird die Aufgabe durch eine Flächenberechnung, deren eine Integrationsgrenze gegen ∞ geht. Diese Aufgabe hat absolutes Abiturniveau. Alles was man braucht.

zu Aufgabe 5
Auch Anordnungsaufgaben aus der Kombinatorik werden immer geprüft, wobei diese Aufgabe nach einigem Überlegen gut lösbar ist.

zu Aufgabe 6
Hier wird nach dem Erwartungswert gefragt. Machbare Aufgabe.

Fazit
Es handelt sich um eine sehr anspruchsvolle Klausur, die auf jeden Fall Abiturniveau aufweist. Diese Klausur wird von der Aufgabe 4 dominiert - eine klare Aufgabe auf Abiturniveau.

Aufgabe 1

Hinweise und Tipps

- zu a) Anwenden der Wurzel- (Potenz)regeln: $\sqrt{a \cdot b} = \sqrt{a} \cdot \sqrt{b}$
- zu a) Eine Wurzel kann immer in Potenzschreibweise dargestellt werden: $x^{\frac{m}{n}} = \sqrt[n]{a^m}$
- zu a) $\int x^r dx = \frac{1}{r+1} x^{r+1} + C$ gilt auch für $r \in \mathbb{Q}$ (also Bruchzahlen)
- zu b) Wichtige Regel: $\int \frac{f'(x)}{f(x)} dx = \ln|f(x)| + C$
  Hier $f(x) = \cos x$ und $f'(x) = -\sin x$
- zu b) Hier muss -1 ausgeklammert werden, damit im Zähler die Ableitung von der Nennerfunktion steht
- zu c) Ebenfalls wichtige Regel: $\int f'(x) e^{f(x)}\, dx = e^{f(x)} + C$
  Hier $f(x) = x^2 + 5$ und damit $f'(x) = 2x$
- zu c) Es muss -2 ausgeklammert werden, damit obige Regel anzuwenden ist

a) $\int \sqrt{2x^3}\, dx = \sqrt{2} \cdot \int x^{\frac{3}{2}}\, dx = \sqrt{2}\, x^{\frac{3}{2}+1} \cdot \frac{1}{\frac{3}{2}+1} + C = \sqrt{2}\, x^{\frac{5}{2}} \cdot \frac{2}{5} + C = \frac{2}{5}\sqrt{2}\, x^2\, \sqrt{x} + C$

b) $\int \frac{\sin x}{\cos x} dx = -\int \frac{-\sin x}{\cos x} dx = -\ln|\cos x| + C$

denn $(\cos x)' = -\sin x$

c) $\int -4xe^{x^2+5}\, dx = -2 \int 2xe^{x^2+5}\, dx = -2\, e^{x^2+5} + C$

Aufgabe 2

$f(x) = x^5$ ist punktsymmetrisch zum Ursprung. D.h. $f(-x) = -f(x)$

Dann gilt: $\int_{-3}^{0} x^5 = -\int_{0}^{3} x^5\, dx$

Also $b = 3$.

Die Flächenbilanz ist ausgeglichen, d.h. $= 0$.

Aufgabe 3

Hinweise und Tipps

- Eine Integralfunktion $\int_a^x f(t)dt$ hat für $x = a$ immer eine Nullstelle
- zu a) $\int x^r dx = \frac{1}{r+1} x^{r+1} + C$ ist eine der wichtigsten Regeln
- zu b) Die Stellen mit waagrechten Tangenten, das sind die Extremwerte

a) $F(x) = \int_2^x (3t^3 - 6t)dt = [\frac{3}{4}t^4 - 3t^2]_2^x = \frac{3}{4}x^4 - 3x^2 - \left(\frac{3}{4} \cdot 2^4 - 3 \cdot 2^2\right) = \frac{3}{4}x^4 - 3x^2$

b) Die Stellen mit waagrechten Tangenten erhält man indem $F'(x) = f(x) = 0$ gesetzt wird.

$f(x) = 0 \quad \Leftrightarrow \quad 3x^3 - 6x = 0 \quad \Leftrightarrow 3x \cdot (x^2 - 2) = 0$

$x_1 = 0$

$x_2 = +\sqrt{2}$ und $x_3 = -\sqrt{2}$

Aufgabe 4

Hinweise und Tipps

- zu a) es ist offensichtlich, dass h(x) punktsymmetrisch zu O(0|0) ist, da x^2 im Argument von e keinen Einfluss auf die Symmetrie hat, aber der Faktor 2x hat ungerade Potenz.
- Merke: Bei e-Funktionen immer den Teil der e-Funktion ausklammern
- h) Es gilt $\lim_{x\to\infty} e^{-x} = 0$

$f(x) = 2xe^{-\frac{1}{2}x^2+1}$

a) Nullstellen: $h(x) = 0$ $\quad 2xe^{-\frac{1}{2}x^2+1} = 0 \Leftrightarrow 2x = 0$ $\quad$ d.h. $x = 0$ $\;N(0|0)$

Keine weiteren Nullstellen, da die e-Funktion die x-Achse nicht schneidet oder berührt.

Symmetrie: $-h(x) = -2xe^{-\frac{1}{2}x^2+1}$ und $h(-x) = 2(-x)e^{-\frac{1}{2}(-x)^2+1} = -2xe^{-\frac{1}{2}x^2+1}$

Da $-h(x) = h(-x)$ folgt Punktsymmetrie zum Ursprung.

b) 1. Ableitung nach der Produkt- und Kettenregel

$h(x) = u \cdot v$ mit $u = 2x$ $\quad u' = 2$ $\quad$ und

$v = e^{-\frac{1}{2}x^2+1}$ $\quad v' = (-x) \cdot e^{-\frac{1}{2}x^2+1}$ (Kettenregel)

$h'(x) = u' \cdot v + u \cdot v'$ (Produktregel)

$h'(x) = 2 \cdot e^{-\frac{1}{2}x^2+1} + 2x \cdot e^{-\frac{1}{2}x^2+1} \cdot (-x)$ $\quad |e^{-\frac{1}{2}x^2+1}$ ausklammern

$h'(x) = e^{-\frac{1}{2}x^2+1} \cdot (2 - 2x^2)$

2. Ableitung nach der Produkt- und Kettenregel

$g'(x) = u \cdot v$ $\quad$ mit $u = 2 - 2x^2$ $\quad u' = -4x$ $\quad$ und

$v = e^{-\frac{1}{2}x^2+1}$ $\quad v' = (-x) \cdot e^{-\frac{1}{2}x^2+1}$ (Kettenregel)

$h''(x) = u' \cdot v + u \cdot v'$ (Produktregel)

$h''(x) = (-4x) \cdot e^{-\frac{1}{2}x^2+1} + (2 - 2x^2) \cdot e^{-\frac{1}{2}x^2+1} \cdot (-x)$ $\quad | e^{-\frac{1}{2}x^2+1}$ ausklammern

$h''(x) = e^{-\frac{1}{2}x^2+1} \cdot (-4x - 2x + 2x^3) = e^{-\frac{1}{2}x^2+1} \cdot (-6x + 2x^3)$

c) Extremwerte: $h'(x) = 0$

$h'(x) = e^{-\frac{1}{2}x^2+1} \cdot (2 - 2x^2) \Leftrightarrow 2 - 2x^2 = 0 \Leftrightarrow x^2 = 1 \Leftrightarrow$

$x_1 = -1; \quad x_2 = 1$

Funktionswerte: $h(x_1) = h(-1) = 2 \cdot (-1) \cdot e^{\frac{1}{2}} = -2\sqrt{e}$ $\quad h(x_2) = 2\sqrt{e}$

Art der möglichen Extremwerte: in $h''(x)$ einsetzen:

$h''(-1) = e^{\frac{1}{2}} \cdot (-6 \cdot (-1) + 2 \cdot (-1)) = e^{\frac{1}{2}} \cdot 4 > 0 \Rightarrow E_1(-1|-2\sqrt{e})$ lokales Minimum

$\Rightarrow$ (Punktsymmetrie) $E_2(1|2\sqrt{e})$ lokales Maximum

d) Wendepunkte: $h''(x) = 0$

$(-6x + 2x^3) = 0 \quad \Leftrightarrow 2x \cdot (-3 + x^2) = 0 \quad x_1 = 0$ und $h(0) = 0 \quad W_1(0|0)$

$x_2 = \sqrt{3}$ und $x_3 = -\sqrt{3}$

$h(x_2) = 2\sqrt{3}e^{-\frac{1}{2}\cdot 3+1} = 2\sqrt{3}e^{-\frac{1}{2}} \approx 2{,}1$

$h(x_3) = -h(x_2) \approx -2{,}1$

e)

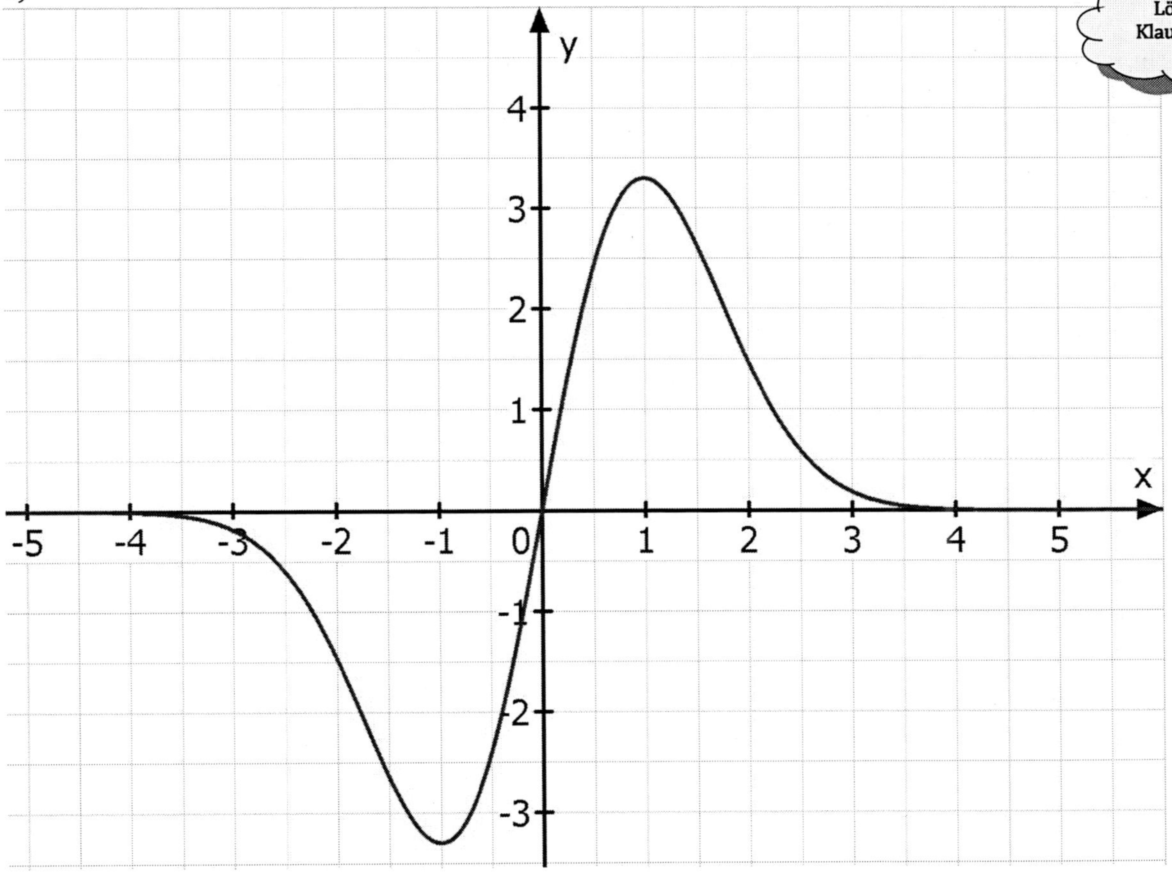

f) $H'(x) = -2e^{-\frac{1}{2}x^2+1} \cdot (-x) = 2xe^{-\frac{1}{2}x^2+1}$ | Kettenregel

g) $\int_0^c h(x)dx = \left[-2e^{-\frac{1}{2}x^2+1}\right]_0^c = -2e^{-\frac{1}{2}c^2+1} - \left(-2e^{-\frac{1}{2}0^2+1}\right) = -2e^{-\frac{1}{2}c^2+1} + 2e$

h) $\lim_{c\to\infty}\left(-2e^{-\frac{1}{2}c^2+1} + 2e\right) = 2e$

Das bedeutet, dass $\lim_{c\to\infty} h(x) = 0$. Die x-Achse ist eine waagrechte Asymptote.

Aufgabe 5

Hinweise und Tipps

- Es gilt: $P(A) = \frac{\text{Anzahl der günstigen Anordnungen für A}}{\text{Anzahl aller möglichen Anordnungen}}$
- Dem Zählprinzip entsprechend ist ein „Ziehen mit Beachtung der Reihenfolge und ohne Zurücklegen"

Anzahl aller möglichen Anordnungen:

1. Platz: 6 2. Platz: 5 $(= 6 - 1)$ 3. Platz: 4 $(= 6 - 2)$ …….. 6. Platz: 1

Nach dem Zählprinzip: $6 \cdot 5 \cdot 4 \cdot 3 \cdot 2 \cdot 1 = 6! = 720$

Anzahl der günstigen Anordnungen:

	1.	2.	3.	4.	5.	6.
Altern. 1:	Geologe	beliebig	Geologe	beliebig	Geologe	beliebig
Altern. 2:	beliebig	Geologe	beliebig	Geologe	beliebig	Geologe

Die Mathematiker und Informatiker können auf $3! = 6$ Anordnungen aufgestellt werden.
Insgesamt gibt es $2 \cdot 6 = 12$ mögliche Anordnungen.

$P(A) = \frac{12}{720} = \frac{1}{60}$

Aufgabe 6

Hinweise und Tipps

- Es müssen jeweils die Wahrscheinlichkeiten für Gewinn und Verlust bestimmt werden
- Sollten sie bei der Bestimmung der Wahrscheinlichkeiten unsicher sein, können Sie natürlich ein Baumdiagramm zeichnen (hier beim Beispiel „Glücksspiel")
- Beim Ziehen mit Zurücklegen bleiben die Wahrscheinlichkeiten bei jedem Zug gleich $\frac{1}{5}$
- In der Realität werden solche Glücksspiele nicht angeboten, da der Lotterieanbieter entsprechend dem Erwartungswert auf längere Zeit verlieren wird. Die Erwartungswerte sind positiv, d.h. der Spieler hat mit Gewinn zu rechnen.
- Wenn der Erwartungswert 0 ist, dann nennt man ein Spiel fair.

„Glückspilz" - Ziehen ohne Zurücklegen"

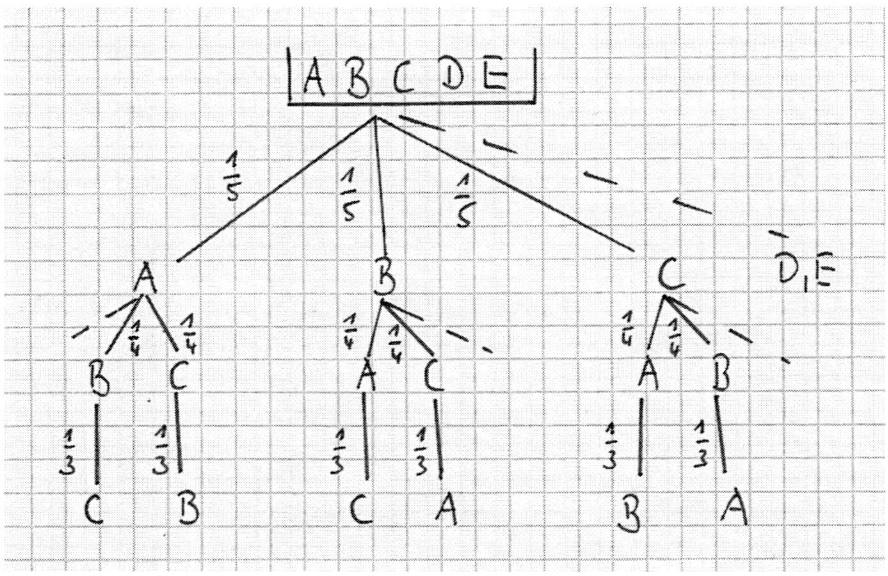

$P(ABC) = \frac{1}{5} \cdot \frac{1}{4} \cdot \frac{1}{3} \cdot 6 = 0{,}1$

$P(\text{nicht } ABC) = 1 - 0{,}1 = 0{,}9$

$E(\text{Glückspilz}) = 10\,€ \cdot 0{,}1 - 1\,€ \cdot 0{,}9 = 1 - 0{,}9 = 0{,}1\,€$

Glückspiel „Hufeisen" - „Ziehen mit Zurücklegen"

$P(ABC) = \frac{1}{5} \cdot \frac{1}{5} \cdot \frac{1}{5} \cdot 6 = 0{,}048$

$P(\text{nicht } ABC) = 1 - 0{,}048 = 0{,}952$

$E(\text{Hufeisen}) = 25\,€ \cdot 0{,}048 - 1\,€ \cdot 0{,}952 = 1{,}2\,€ - 0{,}952\,€ = 0{,}248\,€$

Da der Erwartungswert bei Glücksspiel „Hufeisen" größer ist als beim Glücksspiel „Glückspilz" ist das Glücksspiel „Hufeisen" zu bevorzugen.

2. Klausur aus der Mathematik

Aufgabe 1

Gegeben ist die Gerade g: $\vec{X} = \begin{pmatrix} 10 \\ 0 \\ 5 \end{pmatrix} + \lambda \begin{pmatrix} -4 \\ 0 \\ 3 \end{pmatrix}$, $\lambda \in \mathbb{R}$ und Aufpunkt A(10|0|5).

a) Zeigen Sie, dass B(6|5|8) nicht auf der Geraden g liegt!

b) Welche spezielle Lage hat g im Koordinatensystem?

c) Stellen Sie eine Gleichung der durch B und g definierten Ebene E

(1) in Parameterform und

(2) in parameterfreier Darstellung auf!

d) Liegt der Punkt D(−6|1|17) in der Ebene E?

e) Des weiteren ist die Gerade $h_a : \vec{X} = \vec{B} + \mu \begin{pmatrix} -a \\ 1 \\ a \end{pmatrix}$, $a, \mu \in \mathbb{R}$ gegeben.

Bestimmen Sie $a \in \mathbb{R}$ so, dass sich g und h_a schneiden!

Bestimmen Sie den Schnittpunkt!

Geben Sie nun eine Parameterform von E an, die sich von der in 1c) unterscheidet.

Aufgabe 2

Eine Gruppe besteht aus 3 Frauen und 6 Männern.

a) Wie viele Möglichkeiten gibt es die Personen für ein Foto nebeneinander aufzustellen, so daß bzgl. der Reihenfolge

(1) keine Einschränkungen gemacht werden?

(2) alle Frauen nebeneinander stehen sollen?

b) Aus der Gruppe werden wahllos 2 Personen herausgegriffen. Mit welcher Wahrscheinlichkeit werden zwei gleichgeschlechtliche Personen ausgewählt?

Aufgabe 3

In einem Kiosk werden zwei Schokoriegel angeboten: Eine billigere Sorte für 1,50 € und eine teuere Sorte zu 2,00 € je Stück. Erfahrungsgemäß sind von den verkauften Schokoriegeln durchschnittlich 60 % von der billigeren und 40 % von der teueren Sorte.

a) Es werden 5 Schokoriegel verkauft. Mit welcher Wahrscheinlichkeit sind alle 5 Riegel von der teueren Sorte?

b) Mit welcher Wahrscheinlichkeit sind mindestens 4 Riegel von der teueren Sorte?

c) Nun werden 100 Schokoriegel verkauft. Mit welcher Wahrscheinlichkeit werden dabei weniger als 165,00 € eingenommen?

Aufgabe 4

Ein echter Würfel wird n mal unabhängig voneinander geworfen. X bezeichne die Anzahl der dabei fallenden Sechsen.

a) Geben Sie (ohne Beweis) die Verteilung von X einschließlich ihrer Parameter an!

b) Wie groß muß n mindestens sein, damit die Wahrscheinlichkeit, wenigstens eine Sechs zu erzielen, größer als 0,5 ist?

Viel Erfolg !

mögliche Punkteverteilung

Aufgabe	1a	1b	1c	1d	1e	2a	2b	3a	3b	3c	4a	4b	
Punkte	2	1	6	2	5	6	3	3	3	5	1	5	**42**

Vorbemerkungen Klausur 2.1

Allgemeine Hinweise

Themen dieser 2. Klausur sind die Kapitel „Gerade und Ebenen im Raum", geringfügige „Kombinatorik" und die „Binomialverteilung". Kein Thema ist die „Beurteilende Statistik", da die zu Grunde gelegene Klausur zu einem relativ frühen Zeitpunkt (Februar) geschrieben wurde.
Zeit 55 Minuten

zu Aufgabe 1

Diese Aufgabe aus der Geometrie gehört zum absoluten Standard für das Abitur und auch in Klausuren. Es werden Verständnis und Wissen über die Lösungswege verlangt, aber keine innovativen mathematischen Ideen. Voraussetzung ist lediglich das Lernen des Lehrstoffes. Mühsames Rechnen (bei Gleichungssystemen) kommt zur Anwendung. Es kommt darauf an, dass man sich nicht verrechnet und „durchhält".
Achung: Teilaufgabe b) ist sehr abiturrelevant. Man könnte fast meinen, der Spruch „Lage, Lage, Lage und nochmals Lage" gilt auch hier. Lediglich Teilaufgabe e) setzt einen kleinen Höhepunkt, aber es handelt sich trotzdem nur um reine Rechnerei.

zu Aufgabe 2

Der Aufgabentyp von Teilaufgabe a) stammt aus dem Bereich Kombinatorik. Aber diese ist mit Hilfe des Zählprinzips (bekannt schon aus der Unterstufe) zu lösen. Oft sind die Kombinatorikaufgaben sehr schwer - hier aber nicht.
Die Teilaufgabe b) kommt auch nahezu in jeder Klausur vor. „Ziehen ohne Zurücklegen und ohne Beachtung der Reihenfolge". Die Aufgabe ist dann mit dem Ansatz $P(X = s) = \frac{\binom{S}{s}\cdot\binom{N-S}{n-s}}{\binom{N}{n}}$ zu lösen.
Also, diesen Aufgabentyp unbedingt beherrschen.

zu Aufgabe 3

Auch dieser Aufgabentypus sollte unbedingt beherrscht werden. Es ist eine Aufgabe bzgl. der Binomialverteilung. Das Arbeiten mit Gegenwahrscheinlichkeiten und auch das Anwenden von kumulierten Verteilungsfunktionen sollte beherrscht werden. Sichere Handhabung der Tabelle ist Voraussetzung.
Teilaufgabe c) ist nun sehr anspruchsvoll und man braucht zur Lösung doch mathematische Logik und sichere Beherrschung des Themas.

zu Aufgabe 4

Und nun der absolute Klassiker: „Übersetzen Sie der Aussage in die Mathematiksyntax", Binomialverteilung, Gegenwahrscheinlichkeit, Logarithmieren und auch auch noch Rechnen mit Ungleichungen. Derartige Aufgaben kommen nahezu in jedem Abitur vor.

Fazit

Die Klausur ist sehr fair und machbar. Es wird fast nur erlerntes Wissen abgefragt - und man muss dieses anwenden können. Man merkt, dass die Klausur früh geschrieben wurde. Diese Klausur ist ein guter und machbarer Einstieg für die Abiturvorbereitung.

Lösung Klausur 2.1

Lösung Klausur 2.1

Aufgabe 1

Hinweise und Tipps

- a) Setze in der Gleichung für g für $\overrightarrow{X}$ die Koordinaten des Punktes B ein und prüfe, ob das Gleichungssystems bzgl. λ eindeutig lösbar ist. Falls nicht, bedeutet dies, dass der Punkt nicht auf der Geraden liegt.
- c) Die Gerade g und der Punkt B legen eine Ebene fest, da B nicht auf g liegt, was in a) gezeigt wurde.
- c) Eine parameterfreie Darstellung der Ebene ist eine Ebenengleichung in Normalenform.
- c) Es werden 2 Lösungswege gezeigt:
  I) Mit Hilfe der Bestimmung eines Normalenvektors von E
  II) Mit Elimination der Parameter λ und μ aus der Parameterdarstellung
  Lösungswerg II) ist recht mühsam, wo hingegen die Lösung über einen Normalenvektor „geradliniger" ist
- c) Denke daran, dass das Kreuzprodukt beider Richtungsvektoren einer Ebene einen Normalenvektor ergibt: $\begin{pmatrix} u_1 \\ u_2 \\ u_3 \end{pmatrix} \times \begin{pmatrix} v_1 \\ v_2 \\ v_3 \end{pmatrix} = \begin{pmatrix} u_2v_3 - u_3v_2 \\ u_3v_1 - u_1v_3 \\ u_1v_2 - u_2v_1 \end{pmatrix}$
- c) Der Normalenvektor steht immer senkrecht zur Ebene
- e) Die beiden Richtungsvektoren müssen linear unabhängig sein, d.h. Der eine Vektor ist nicht eine Linearkombination (z.B. Vielfaches der Koordinaten) des anderen Vektors.
- e) Nach dem Gleichsetzen beider Geradengleichungen muss genau eine Lösung erhalten werden.

a) $\overrightarrow{X} = \begin{pmatrix} 10 \\ 0 \\ 5 \end{pmatrix} + \lambda \begin{pmatrix} -4 \\ 0 \\ 3 \end{pmatrix}$, B(6|5|8)

$\begin{pmatrix} 6 \\ 5 \\ 8 \end{pmatrix} = \begin{pmatrix} 10 \\ 0 \\ 5 \end{pmatrix} + \lambda \begin{pmatrix} -4 \\ 0 \\ 3 \end{pmatrix}$ führt zu dem Gleichungssystem:

I. $6 = 10 - 4\lambda$
II. $5 = 0$ Widerspruch!
III. $8 = 5 + 3\lambda$

Somit ist das Gleichungssystem nicht lösbar, d.h. B liegt nicht auf g.

b) Da der Richtungsvektor von g die x_2 - Koordinate 0 hat, liegt g in der x_1x_3 - Ebene.

c) Zwei linear unabhängige Richtungsvektoren von E sind einmal der Richtungsvektor der Geraden g und der Vektor $\overrightarrow{AB}$, wobei $B = \begin{pmatrix} 6 \\ 5 \\ 8 \end{pmatrix}$ der Ortsvektor des Aufpunkt von E ist.

$\overrightarrow{AB} = \begin{pmatrix} 6 \\ 5 \\ 8 \end{pmatrix} - \begin{pmatrix} 10 \\ 0 \\ 5 \end{pmatrix} = \begin{pmatrix} -4 \\ 5 \\ 3 \end{pmatrix}$. $\begin{pmatrix} -4 \\ 0 \\ 3 \end{pmatrix}$ und $\begin{pmatrix} -4 \\ 5 \\ 3 \end{pmatrix}$ sind die Spannvektoren von E.

Parameterform: $\overrightarrow{X} = \begin{pmatrix} 6 \\ 5 \\ 8 \end{pmatrix} + \lambda \begin{pmatrix} -4 \\ 0 \\ 3 \end{pmatrix} + \mu \begin{pmatrix} -4 \\ 5 \\ 3 \end{pmatrix}$

Gleichung der Ebene in Normalenform:

1. Lösungsweg: Bestimmung eines Normalenvektors $\vec{n}$ von E

$$\begin{pmatrix} -4 \\ 0 \\ 3 \end{pmatrix} \times \begin{pmatrix} -4 \\ 5 \\ 3 \end{pmatrix} = \begin{pmatrix} 0 \cdot 3 - 3 \cdot 5 \\ 3 \cdot (-4) - (-4) \cdot 3 \\ (-4) \cdot 5 - 0 \cdot (-4) \end{pmatrix} = \begin{pmatrix} -15 \\ 0 \\ -20 \end{pmatrix} = -5 \cdot \begin{pmatrix} 3 \\ 0 \\ 4 \end{pmatrix} \qquad \vec{n} = \begin{pmatrix} 3 \\ 0 \\ 4 \end{pmatrix}$$

Lösung Klausur 2.1

E: $\vec{n} \circ (\vec{X} - \vec{A}) = 0 \Leftrightarrow \begin{pmatrix}3\\0\\4\end{pmatrix} \circ \left[\vec{X} - \begin{pmatrix}6\\5\\8\end{pmatrix}\right] = 0 \Leftrightarrow$

$3x_1 - 18 + 4x_3 - 32 = 0 \Leftrightarrow 3x_1 + 4x_3 = 50$ (Koordinatenform)

2. Lösungsweg: Die Parameter λ und μ der Parameterform werden eliminiert:

I.) $x_1 = 6 - 4\lambda - 4\mu$

II.) $x_2 = 5 \quad + 5\mu \quad \Rightarrow \mu = \frac{1}{5}x_2 - 1$

III.) $x_3 = 8 + 3\lambda + 3\mu$

II.) in I.) $x_1 = 6 - 4\lambda - \frac{4}{5}x_2 + 4$ | II. in III.) $x_3 = 8 + 3\lambda + \frac{3}{5}x_2 - 3$

$4\lambda = -x_1 - \frac{4}{5}x_2 + 10$ | $-3\lambda = \frac{3}{5}x_2 - x_3 + 5$

$\lambda = -\frac{1}{4}x_1 - \frac{1}{5}x_2 + \frac{5}{2}$ | $\lambda = -\frac{1}{5}x_2 + \frac{1}{3}x_3 - \frac{5}{3}$

Gleichsetzen: $-\frac{1}{4}x_1 - \frac{1}{5}x_2 + \frac{5}{2} = -\frac{1}{5}x_2 + \frac{1}{3}x_3 - \frac{5}{3} \quad | \cdot 12$

$-3x_1 + 30 = 4x_3 - 20$

$3x_1 + 4x_3 = 50$ (Koordinatenform)

d) Einsetzen der Koordinaten des Punktes $D(-6|1|17)$ in die Koordinatenform der Ebene:

$3 \cdot (-6) + 4 \cdot (17) = 50 \Leftrightarrow -18 + 68 = 50$ Wahre Aussage

Der Punkt D liegt in der Ebene E.

e) Es ist offensichtlich, dass die Richtungsvektoren von g und h_a linear unabhängig sind für alle $a \in \mathbb{R}$.

Berechnung eines Schnittpunktes in Abhängigkeit von a durch Gleichsetzen der Geradengleichungen:

$\begin{pmatrix}10\\0\\5\end{pmatrix} + \lambda\begin{pmatrix}-4\\0\\3\end{pmatrix} = \begin{pmatrix}6\\5\\8\end{pmatrix} + \mu\begin{pmatrix}-a\\1\\a\end{pmatrix}$

I.) $10 - 4\lambda = 6 - a\mu$

II.) $0 = 5 + \mu \quad \Rightarrow \mu = -5$

III.) $5 + 3\lambda = 8 + a\mu$

II.) in I.) $4 - 4\lambda = 5a$ II.) + III.) $1 - \lambda = 0 \Rightarrow \lambda = 1$

II.) in III.) $-3 + 3\lambda = -5a$

$\lambda = 1$ einsetzen: $a = 0$

λ in g einsetzen: $x_1 = 10 - 4 = 6$ zur Probe: μ und a in h_a einsetzen: $x_1 = 6$

$x_2 = 0$ $x_2 = 5 - 5 = 0$

$x_3 = 5 + 3 = 8$ $x_3 = 8$

Schnittpunkt $S(6|0|8)$

Ebenengleichung E' mit S als Aufpunkt und den Richtungsvektoren aus g und h_0:

$E': \vec{X} = \begin{pmatrix}6\\0\\8\end{pmatrix} + \lambda\begin{pmatrix}-4\\0\\3\end{pmatrix} + \mu\begin{pmatrix}0\\1\\0\end{pmatrix}$

Aufgabe 2

Lösung Klausur 2.1

Hinweise und Tipps

- a) Wende das Zählprinzip an: Gibt es beim 1. Zug n_1 Möglichkeiten, beim 2. Zug n_2 Möglichkeiten, beim 3. Zug n_3 Möglichkeiten so gibt es insgesamt $n_1 \cdot n_2 \cdot n_3$ Möglichkeiten. Das Zählprinzip wird auch Produktregel genannt.
- a) Das Zählprinzip entspricht in dieser Aufgabe dem Urnenmodell „Ziehen mit Beachtung der Reihenfolge und ohne Zurücklegen".
- b) Es handelt sich um ein Zufallsexperiment: „ Ziehen ohne Zurücklegen und ohne Beachtung der Reihenfolge". Aus einer Urne mit N (9 Personen), von denen S =6 Männer sind, werden n = 2 Personen mit einem Griff, d.h. ohne Zurücklegen und ohne Beachtung der Reihenfolge gezogen. Die Zufallsgröße X gibt die Anzahl der Männer an.

  $$P(X = s) = \frac{\binom{S}{s} \cdot \binom{N-S}{n-s}}{\binom{N}{n}}$$
- Die Verteilung der Zufallsgröße X nach oben genanntem Modell nennt man auch „hypergeometrisch" verteilt mit den Parametern N, S und n.

a1) Für den 1. Platz stehen 9 Personen zur Verfügung, für den 2. Platz nur noch 8 Personen, für den 3. Platz nur noch 7 Personen, ...
Insgesamt ergeben sich nach dem Zählprinzip: $9 \cdot 8 \cdot 7 \cdot 6 \cdot 5 \cdot 4 \cdot 3 \cdot 2 \cdot 1 = 9! = 362880$ Möglichkeiten.

a2) Für die 3 Frauen gibt es wiederum nach dem Zählprinzip $3! = 6$ Aufstellungsmöglichkeiten innerhalb der Dreiergruppe.

Überlegung I:

Die 6 Männer können sich ebenfalls nach dem Zählprinzip auf $6! = 720$ Arten aufstellen.
Die 3er-Frauengruppe hat 7 Möglichkeiten sich zwischen die Männer bzw. am Rand zu stellen.
Insgesamt gibt es $6 \cdot 720 \cdot 7 = 30240$ Möglichkeiten.

Überlegung II:

Die 3er-Frauengruppe wird als eine „Frau" betrachtet. Dann gibt es insgesamt 7 „Personen", die sich analog Aufgabe a1) auf 7! Arten aufstellen können.
Insgesamt gibt es $3! \cdot 7! = 30240$ Möglichkeiten.

b) Ziehen ohne Zurücklegen und ohne Beachtung der Reihenfolge:

$$P(X = 2) = \frac{\binom{6}{2} \cdot \binom{9-6}{2-2}}{\binom{9}{2}} = 0{,}416 \approx 42\%$$

Aufgabe 3

Hinweise und Tipps

- Es gibt nur zwie Sorten von Schokoriegel, es handelt sich somit um ein Bernoulli-Experiment. Dabei ist die Trefferwahrscheinlichkeit 0,4. Die Zufallsvariable „Anzahl der teueren Riegel" ist dann binomialverteilt mit den Parametern p = 0,4 und n = 5 (bei Aufgabe a).
- a) Definitionsgemäß gilt $\binom{n}{n} = 1$ und auch $\binom{n}{0} = 1$.
- In dieser Aufgabe wird OHNE Zurücklegen gezogen. Da die Anzahl der Schokoriegel insgesamt groß ist, wird sich der Anteil der teureren Riegel nicht wesentlich verändern, wenn 5 Riegel entnommen werden. Deswegen ist der Fehler vernachlässigbar, wenn als Modell „Ziehen MIT Zurücklegen" angewendet wird.

- Ein Hinweis für das Ziehen MIT Zurücklegen ist auch die Tatsache, dass in der Aufgabenstellung von einer konstanten „Trefferwahrscheinlichkeit" von 0,4 ausgegangen wird.
- c) Denke daran: Die Teilaufgabe wird auch mit der Binomialverteilung gelöst. Bestimme die Trefferanzahl um dann die Binomialverteilung anwenden zu können.
- zu c) Denke daran: $F_p^n(x) = P(X \leqq x)$ und nicht $P(X < x)$!

a) X: Zufallsvariable, die die Anzahl der teureren Schokoriegel angibt.
Dann ist X nach $B(n = 5; p = 0{,}4)$ verteilt:
$P(X = 5) = \binom{5}{5} \cdot 0{,}4^5 \cdot (1 - 0{,}4)^0 = 0{,}4^5 = 0{,}01024 = 1{,}02\%$

b) $P(X \geqq 4) = P(X = 4) + P(X = 5) = \binom{5}{4} \cdot 0{,}4^4 \cdot (1 - 0{,}4)^1 + 0{,}01024 =$
$0{,}0768 + 0{,}01024 = 0{,}08704 = 8{,}7\%$

c) Es sei k die Anzahl der teueren verkauften Schokoriegel, dann ist die Anzahl der günstigeren verkauften Schokoriegel 100 − k. Es gilt folgende Ungleichung bzgl. den Einnahmen:
$k \cdot 2{,}00\,€ + (100 - k) \cdot 1{,}50\,€ < 165{,}00\,€ \quad \Leftrightarrow$
$2k + 150 - 1{,}5\,k < 165 \quad \Leftrightarrow$
$0{,}5\,k < 15 \quad \Leftrightarrow$
$k < 30$
Es ist also nach $P(k < 30)$ gefragt:
$P(k < 30) = P(k \leqq 29) = F_{0,4}^{100}(29) = 0{,}015 = 1{,}5\%$ (siehe Tabelle)

Aufgabe 4

Hinweise und Tipps

- Denke daran: der Lehr- und Abiturstoff in Q12 beinhaltet die „Binomialverteilung" und ist Hauptthema in 2. Klausuren. Vorrausetzung der Binomialverteilung: Ziehen mit Zurücklegen - das ist beim Würfelwurf gegeben - und die Zufallsvariable kann mit „gut oder böse", „schwarz oder weiß", „Treffer oder Niete", „6-er Wurf oder Nicht", …….. nur zwei Werte annehmen - das ist hier auch der Fall. Dann ist die Zufallsvariable binomialverteilt.
- Zerlege die Aufgabe in Einzelaussagen
- Bilde die Komplementärwahrscheinlichkeit
- Bei negativer Punktrechnung bzgl. einer Ungleichung dreht sich das Vorzeichen um
- Denke daran $\binom{n}{0} = 1$ definitionsgemäß und $\left(\frac{1}{6}\right)^0 = 1$
- Wichtige Log-Regel: $\log u^n = n \cdot \log u$
- Es gilt: $\ln 1 = 0$

a) X ist binomialverteilt mit den Parametern n und $p = \frac{1}{6}$. Also $B(n; \frac{1}{6})$ verteilt

b) Aussage: Wahrscheinlichkeit wenigstens eine Sechs zu erhalten: $P(X \geqq 1)$
Aussage: größer als 0,5: $> 0{,}5$
$P(X \geqq 1) > 0{,}5$ | Komplementärbildung
$1 - P(X = 0) > 0{,}5$ | Nach P auflösen, da dort n vorkommt
$-P(X = 0) > -0{,}5$ | $\cdot (-1)$; Achtung: das Vorzeichen dreht sich um
$P(X = 0) < 0{,}5$

$\binom{n}{0}\left(\frac{1}{6}\right)^0 \cdot \left(1 - \frac{1}{6}\right)^n < 0{,}5$ | verändern

$\left(\frac{5}{6}\right)^n < 0{,}5$ | logarithmisieren

$\ln\left(\frac{5}{6}\right)^n < \ln 0{,}5$ | n vorziehen

$n \cdot \ln\frac{5}{6} < \ln 0{,}5$ | $: \ln\frac{5}{6}$ Achtung: der ln x ist für $0 < x < 1$ negativ, somit dreht sich das Vorzeichen der Ungleichung um

$n > \ln 0{,}5 : \ln\frac{5}{6} = 3{,}8017$ ....

n muss mindestens 4 sein damit die Aussage gilt.

2. Klausur aus der Mathematik

Aufgabe 1

Die Tabelle zeigt die Wahrscheinlichkeitsverteilung einer Zufallsgröße X.
a und b sind reelle Zahlen. Wie groß muss b sein, damit der Erwartungswert von X den Wert 9 hat? Welchen Wert muss a annehmen?

x_i	0	4	8	12	16
$P(X = x_i)$	a	0,25	b	0,25	0,25

Aufgabe 2

Um eine Gruppe zusammenzustellen, werden aus 30 Jungen und 50 Mädchen zufällig sechs ausgewählt.
Mit welcher Wahrscheinlichkeit
a) werden genau drei Mädchen und drei Jungen gewählt?
b) sind Eva und Sabine in der Gruppe?
c) besteht die Gruppe nur aus männlichen Bewerbern?

Aufgabe 3

Für die Endrunde einer Fernsehshow sind die drei Gruppen G1, G2 und G3 ausgewählt worden. Die Entscheidung über die endgültige Platzierung liegt nun beim Publikum. Die Umfrage ergibt:
20% G3
30% G2
50% G1
Mit welcher Wahrscheinlichkeit haben von 100 beliebig aus dem Publikum ausgesuchten Personen
a) genau 50 für G1 gestimmt?
b) mindestens 25 für G3 gestimmt?
c) mehr als 25, aber weniger als 35 für G2 gestimmt?

Aufgabe 4

Es ist bekannt, dass in der Oberstufe eines Gymnasiums 20% Raucher sind. Nach einer Aufklärungsaktion über die Folgen vermutet man, dass dieser Anteil gesunken ist. 100 Schüler werden über ihr Rauchverhalten befragt.
a) 11 der 100 befragten Schüler rauchen immer noch. Kann man bei einem Signifikanzniveau von 5% behaupten, dass die Aufklärungsaktion einen Sinn hatte?
Geben Sie die Null- und die Gegenhypothese an. Geben Sie den kritischen Bereich an.
b) Erläutern Sie den Begriff Fehler 1. Art und bestimmen Sie dessen Wahrscheinlichkeit.

bitte wenden!

Aufgabe 5

Gegeben sind die Punkte A(1|2|3), B(0|−3|−1) und C(−1|2|−5) sowie die Gerade

$$g:\vec{X}=\begin{pmatrix}-8\\2\\1\end{pmatrix}+\lambda\begin{pmatrix}4\\0\\-1\end{pmatrix}$$

a) Die Punkte A, B und C legen eine Ebene E fest. Geben Sie eine Gleichung dieser Ebene in Parameter-, Vektor- und in Koordinatenform an.
[mögliches Ergebnis: $4x_1 - x_3 - 1 = 0$]

b) Welche besondere Lage besitzt E im Koordinatensystem?

c) Welche Lage hat die Gerade g zur Ebene E? (Begründung) Bestimmen Sie gegebenenfalls die Koordinaten des Schnittpunkts P und den Schnittwinkel.

Viel Erfolg !

mögliche Punkteverteilung

Aufgabe	1	2a	2b	2c	3a	3b	3c	4a	4b	5a	5b	5c	
Punkte	4	3	3	3	3	3	3	6	2	5	1	3	**39**

Vorüberlegungen Klausur 2.2

Lösung
Klausur 2.2

Allgemeine Hinweise
Themen dieser 2. Klausur sind die Kapitel „Erwartungswert einer Wahrscheinlichkeitsverteilung", Kombinatorik - hier speziell „Ziehen aus einer Urnen mit einem Griff", „Statistische Hypothesen" und „Koordinatengeometrie im Raum" mit dem Schwerpunkt „Ebenen".
Zeit 60 Minuten

zu Aufgabe 1
Das Berechnen des Erwartungswertes und auch der Varianz einer Zufallsgröße gehört zum Standard und sollte gelöst werden können. Es handelt sich um eine leichte Einstiegsaufgabe.

zu Aufgabe 2
Dieses Zufallsexperiment entspricht dem Ziehen aus einer Urne mit einem Griff: Aus einer Urne mit N Kugeln, von denen S schwarz sind, werden n Kugeln mit einem Griff, d.h. ohne Zurücklegen und ohne Beachtung der Reihenfolge gezogen. Es handelt sich um eine sehr beliebte Klausur- und Abituraufgabe. Also unbedingt lernen bzw. verstehen. (was ja reines „Schema F" ist)

zu Aufgabe 3
Auch diese Aufgabe gehört zum absoluten Standard. Binomialverteilung und nochmals Binomialverteilung in jeder Form sind die Grundlage für alle weiteren statistischen Fragestellungen. Das Anwenden der kumulativen Verteilung einer Binomialverteilung als auch das Lesen aus einer gegebenen Tabelle gehört zum reinen Handwerkszeug und sollte beherrscht werden.

zu Aufgabe 4
Linksseitiger- und rechtsseitiger Signifikanztest werden nahezu in jeder Klausur geprüft.
Unbedingt zu lernen sind:
Wie lautet, bzw. bestimmt man den kritische Bereich bei einem einseitigen Test?
Was ist das Signifikanzniveau, wie steht dieses im Zusammenhang Fehler 1. Art?
Was ist der Fehler 2. Art? Wie bestimmt man diesen gegebenenfalls? (Das geht nur, wenn eine Alternativwahrscheinlichkeit gegeben ist.)

zu Aufgabe 5
Ein Hauptthema der Analytischen Geometrie für das bayerische G8 sind die Bestimmung von Ebenen - in Parameterform und Koordinatenform. Desweiteren wird „immer" nach einer besonderen Lage gefragt (sobald mindestens eine Koordinate 0 ist). Abstandsbestimmungen und Bestimmungen von Schnittwinkel sollten beherrscht werden.

Fazit
Der Schwerpunkt dieser 2. Klausur ist die Stochastik. Alle Aufgaben sind zu lösen, wenn man den Stoff beherrscht. Es werden keine mathematischen Blitzgedanken erwartet.
Solide und machbare Klausur.

Aufgabe 1

Hinweise und Tipps

- Zwei Beziehungen sind zur Lösung zu verwenden:
  I.) Die Summe aller Wahrscheinlichkeiten einer Zufallsgröße ergibt 1.
  II.) $E(X) = x_1 \cdot P(X = x_1) + x_2 \cdot P(X = x_2) + \ldots\ldots\ x_n \cdot P(X = x_n)$ (Formel zur Errechnung des Erwartungswertes)
- Beide Beziehungen liefern ein Gleichungssystem mit den Parametern a und b, welches dann zu lösen ist

I.) $a + 0{,}25 + b + 0{,}25 + 0{,}25 = 1$ Summe aller Einzelwahrscheinlichkeiten ergibt 1

$\Rightarrow a + b = 0{,}25 \qquad \Rightarrow a = 0{,}25 - b$

II.) $E(X) = a \cdot 0 + 4 \cdot 0{,}25 + 8 \cdot b + 12 \cdot 0{,}25 + 16 \cdot 0{,}25 = 9$

$\Rightarrow \quad 8b + 8 = 9 \quad \Rightarrow \quad 8b = 1 \quad \Rightarrow \quad b = 0{,}125$

$b = 0{,}125$ in I.) einsetzen ergibt: $a = 0{,}25 - 0{,}125 = 0{,}125$

Aufgabe 2

Hinweise und Tipps

- Das Zufallsexperiment in dieser Aufgabe entspricht einem „Ziehen ohne Zurücklegen und ohne Beachtung der Reihenfolge".
- Aus einer Menge von N = 80 Personen, von denen S = 50 weiblich sind, werden n = 6 Personen mit einem Griff gezogen. Die Zufallsgröße X gibt die Anzahl der weiblichen Personen an.
- Es gilt: $P(X = s) = \dfrac{\binom{S}{s} \cdot \binom{N-S}{n-s}}{\binom{N}{n}}$
- Statt den weiblichen Personen kann man aber auch die männlichen Personen als Untersuchungsmerkmal nehmen können.
- Eine Zufallsvariable X mit obigen Eigenschaften nennt man dann „hypergeometrisch" verteilt
- zu b) Achtung: jetzt sind die beiden Merkmale nicht mehr weiblich und männlich, sondern Eva und Sabine einerseits und der Rest andererseits.
- zu c) Die Zufallsvaribale X kann als „Anzahl der männlichen Personen" oder als „Anzahl der weiblichen Personen" gewählt werden
- Das Ausrechnen der Binomialkoeffizienten erfolgt mittels Taschenrechner

a) N = 80; n = 6; S = 50; s = 3

$$P(X = 3) = \frac{\binom{50}{3} \cdot \binom{30}{3}}{\binom{80}{6}} \approx 26{,}5\%$$

b) N = 80; n = 6;

Alternative 1: X sei die Anzahl der aus der Gruppe „Eva und Sabine" gewählten Personen:

S = 2; s = 2

$P(X=2)=\frac{\binom{2}{2}\cdot\binom{78}{4}}{\binom{80}{6}}\approx 0{,}47\%$

Alternative 2: X sei die Anzahl aus dem Rest: S = 78; s = 4

$P(X=4)=\frac{\binom{78}{4}\cdot\binom{2}{2}}{\binom{80}{6}}\approx 0{,}47\%$

c) N = 80; n = 6;

Alternative 1: X sei die Anzahl der ausgewählten männlichen Personen:

S = 30; s = 6 (nur männliche Personen werden ausgewählt)

$P(X=6)=\frac{\binom{30}{6}\cdot\binom{50}{0}}{\binom{80}{6}}\approx 0{,}198\%$

Alternative 2: X sei die Anzahl der ausgewählten weiblichen Personen:

S = 50; s = 0 (keine weibliche Person wird ausgewählt)

$P(X=0)=\frac{\binom{50}{0}\cdot\binom{30}{6}}{\binom{80}{6}}\approx 0{,}198\%$

Aufgabe 3

Hinweise und Tipps

- Die Fragestellung in jeder der drei Teilaufgaben bezieht sich nur auf eine Gruppe. Deshalb liegen allen Teilaufgaben das Urnenmodel „Ziehen mit Zurücklegen" zu Grunde. Ergebnisse: Nur „Ja oder Nein". Die Auswahl der Kandidaten kann jeweils als Bernoulli-Kette der Länge n = 100 aufgefasst werden.
- Die Zufallsgrößen „Anzahl der Stimmen" sind binomialverteilt.
- Eigentlich handelt es sich um ein Ziehen OHNE Zurücklegen. In der Praxis aber ist die Anzahl der Merkmale (hier Personen) sehr groß, und der jeweilige Anteil wird sich bei einer Auswahl („Entnahme") von 100 Personen nicht verändern.
- Auch die Tatsache, dass in der Aufgabe die Anteilswerte gegeben sind, deutet auf ein Ziehen MIT Zurücklegen hin.
- zu b) $P(X \geqq 25) = 1 - P(X < 25) = 1 - P(X \leqq 24)$
- zu b) und c) Die kumulierte Verteilungsfunktion liefert Werte für $P(X \leqq k) = F(k)$.
- zu c) Es gilt: $P(n < X \leqq m) = F(m) - F(n)$. Also „links ohne Gleichheitszeichen", „rechts mit Gleichheitszeichen".

a) n = 100; p = 0,5; k = 50 X ist B(100; 0,5) verteilt

$P(X=50)=\binom{100}{50}\cdot 0{,}5^{50}\cdot(1-0{,}5)^{100-50}=0{,}07959\approx 7{,}6\%$

b) $P(X \geqq 25) = 1 - P(X \leqq 24) = 1 - F_{0,2}^{100}(24) = 1 - 0{,}869 = 0{,}131 \approx 13{,}1\%$

c) $P(25 < X < 35) = P(25 < X \leqq 34) = F_{0,30}^{100}(34) - F_{0,30}^{100}(25) = 0{,}837 - 0{,}163 =$

$0{,}674 \approx 67{,}4\%$

Aufgabe 4

Lösung
Klausur 2.2

Hinweise und Tipps

- Es handelt sich um einen linkseitigen Test
- Unbedingt merken: Entscheidungsregeln für links- und rechtsseitigen Test

Linkseiter Test: H_0: $p = p_0$ (oder $p \geqq p_0$)	Rechtseiter Test: H_0: $p = p_0$ (oder $p \leqq p_0$)
H_1: $p < p_0$	H_1: $p > p_0$
kritischer Bereich $K = \{0; 1; ...; k)$,	kritischer Bereich $K = \{k; k+1; ...; n)$,
wobei k die größte Zahl ganze Zahl ist	wobei k die kleinste Zahl ganze Zahl ist
mit $P_{p_0}^n(Z \leqq k) \leqq \alpha$	$P_{p_0}^n(Z \geqq k) \leqq \alpha$

- Der Fehler 1. Art wird nie größer als das vorgegebene Signifikanzniveau

a) Nullhypothese H_0: $p_0 = 0{,}2$ (bisheriger Anteil)
Alternativhypothese H_1: $p_0 < 0{,}2$ (Aufklärung hatte Sinn)
Es ist ein linkseitiger Test:
Ist H_0 wahr, so ist die Zufallsvariable Z (Anzahl der Nichtraucher) B(n=100; p=0,2) verteilt.
Bestimmung des kritischen Bereichs K (für H_0)
Zu einem linkseitigen Test gilt fürden kritischen Bereich: $K = \{0; 1; ..... ; k)$ für $\alpha = 0{,}05$.
Gesucht ist die größte ganze Zahl k mit $P_{0,2}^{100}$ $(Z \leqq k) \leqq 0{,}05$.
Nach der Tabelle (siehe Anhang) gilt: $P_{0,2}^{100}$ $(Z \leqq 13) = 0{,}047 < 0{,}05$ und
$P_{0,2}^{100}$ $(Z \leqq 14) = 0{,}080 > 0{,}05$
$K = \{0; 1; 2; ....; 13\}$
Da $11 \in K$ ist, wird H_0 abgelehnt. Man entscheidet sich für die Alternative H_1 Man kann bei einem Signifikanzniveau von 5% davon ausgehen, dass die Aufklärungsaktion erfolgreich war.

b) Die Wahrscheinlichkeit für den Fehler 1. Art ist die Wahrscheinlichkeit, dass H_0 abgelehnt wird, dass also die Stichprobe einen Wert liefert, der im kritischen Bereich liegt, obwohl H_0 richtig ist. In diesem Test ist dieser nach a) $P_{0,2}^{100}$ $(Z \leqq 13) =$ **0,047.** Der Fehler 1. Art ist nie größer als das Signifikanzniveau.

Aufgabe 5

Hinweise und Tipps

- zu a) Die Darstellung einer Ebene in Vektordarstellung - und damit auch in Koordinatendarstellung- erreicht man am Einfachsten Hilfe eines Normalenvektors, also eines Vektors der senkrecht auf der Ebene steht.
- zu a) Auf die Möglichkeit, die Vektordarstellung mit Hilfe der Elimination von λ und μ wird nicht gezeigt, die in der Regel mehr Zeit braucht, als die Möglichkeit mittels Normalenvektor
- Es ist wichtig, dass man weiß_ Der Normalenvektor steht senkrecht auf der Ebene
- zu a) Einen solchen Vektor liefert das Kreuzprodukt 2er (Richtungs-)Vektoren:
$$\begin{pmatrix} u_1 \\ u_2 \\ u_3 \end{pmatrix} \times \begin{pmatrix} v_1 \\ v_2 \\ v_3 \end{pmatrix} = \begin{pmatrix} u_2v_3 - u_3v_2 \\ u_3v_1 - u_1v_3 \\ u_1v_2 - u_2v_1 \end{pmatrix}$$
- zu b) Falls eine Vektorkomponente 0 ist, z.B. $x_2 = 0$, dann liegt E parallel zur x_2 - Achse
- zu c) Da der Richtungsvektor der Geraden gleich dem Normalenvektor ist, steht g senkrecht auf E.

a) Parameterform

$\overrightarrow{AB}$ und $\overrightarrow{AC}$ bilden z.B. zwei Richtungsvektoren der Ebene E, A ist möglicher Aufpunkt.

$$\overrightarrow{AB} = \vec{B} - \vec{A} = \begin{pmatrix} 0 \\ -3 \\ -1 \end{pmatrix} - \begin{pmatrix} 1 \\ 2 \\ 3 \end{pmatrix} = \begin{pmatrix} -1 \\ -5 \\ -4 \end{pmatrix} \qquad \overrightarrow{AC} = \vec{C} - \vec{A} = \begin{pmatrix} -1 \\ 2 \\ -5 \end{pmatrix} - \begin{pmatrix} 1 \\ 2 \\ 3 \end{pmatrix} = \begin{pmatrix} -2 \\ 0 \\ -8 \end{pmatrix}$$

$$E: \vec{X} = \begin{pmatrix} 1 \\ 2 \\ 3 \end{pmatrix} + \lambda \begin{pmatrix} -1 \\ -5 \\ -4 \end{pmatrix} + \mu \begin{pmatrix} -2 \\ 0 \\ -8 \end{pmatrix}$$

Vektor- und Koordinatendarstellung

$$\overrightarrow{n_E} = \overrightarrow{AB} \times \overrightarrow{AC} = \begin{pmatrix} -1 \\ -5 \\ -4 \end{pmatrix} \times \begin{pmatrix} -2 \\ 0 \\ -8 \end{pmatrix} = \begin{pmatrix} 40 \\ 0 \\ -10 \end{pmatrix} = 10 \cdot \begin{pmatrix} 4 \\ 0 \\ -1 \end{pmatrix}$$

$$E: \begin{pmatrix} 4 \\ 0 \\ -1 \end{pmatrix} \circ \left[\vec{X} - \begin{pmatrix} 1 \\ 2 \\ 3 \end{pmatrix} \right] = 0 \quad \text{Vektordarstellung}$$

$E: 4x_1 - x_3 - (4 - 3) = 0 \quad \Rightarrow E: 4x_1 - x_3 - 1 = 0$ Koordinatendarstellung

b) Da $x_2 = 0 \quad \Rightarrow$ E liegt parallel zu x_2 - Achse.

c) $\overrightarrow{u_g} = \begin{pmatrix} 4 \\ 0 \\ -1 \end{pmatrix} = \overrightarrow{n_E} \quad \Rightarrow$ g steht senkrecht auf E

Bestimmung des Schnittpunkt P von g mit E:

E = g setzen, d.h. der Ortsvektor $\vec{X}$ von g wird in E eingesetzt.

$4 \cdot (-8 + 4\lambda) - (1 - \lambda) - \ =0$

$-32 + 16\lambda - 1 + \lambda - 1 = 0 \quad \Leftrightarrow \quad 17\lambda = 34 \quad \Leftrightarrow \quad \lambda = 2$

$$\vec{P} = \begin{pmatrix} -8 \\ 2 \\ 1 \end{pmatrix} + 2 \cdot \begin{pmatrix} 4 \\ 0 \\ -1 \end{pmatrix} = \begin{pmatrix} 0 \\ 2 \\ -1 \end{pmatrix} \quad P(0 \mid 2 \mid -1)$$

Wie oben gezeigt, ist der Schnittwinkel 90°.

2. Schulaufgabe aus der Mathematik

Aufgabe 1

Es soll untersucht werden, welche jährliche Zusatzbelastung sich für eine Unternehmung mit 10 000 Arbeitnehmern ergeben würde, wenn jedem Arbeitnehmer mit einem oder mehreren Kindern ein Sozialzuschlag von 1000 € pro Jahr gewährt wird. Dabei wird folgende Verteilung des Merkmals „Anzahl der Kinder eines Arbeitnehmer“ unterstellt:

Kinderzahl	0	1	2	3 und mehr
relative Häufigkeit	0,125	0,5	0,25	0,125

Ein Arbeitnehmer dieser Unternehmung wird zufällig ausgewählt. Welche der Aussagen ist bzw. welche sind dann richtig? Geben Sie eine Begründung an, bzw. stellen Sie richtig!
(Zufallsvariable X: „Anzahl der Kinder eines Arbeitnehmer“)

A $P(1 \leqq X \leqq 2) = 0{,}75$

B $P(X \leqq 2) = P(X \geqq 3)$

C Die zusätzlichen Kosten des Konzerns würden bei Gültigkeit der obigen Verteilung für die Grundgesamtheit 8,75 Millionen Euro betragen.

D Die Wahrscheinlichkeit, dass ein zufällig ausgewählter Arbeitnehmer des Konzerns Kinder hat, beträgt 0,125.

E $F(2) = 0{,}25$

Aufgabe 2

Ein Glücksrad ist in 5 gleich große Sektoren unterteilt. Drei Sektoren sind schwarz und zwei Sektoren sind weiß. Nach Stillstand des Rades zeigt ein Pfeil an, ob ein Treffer (weißes Feld) oder eine Niete (schwarzes Feld) erzielt wurde.

a) Das Glücksrad wird 10x gedreht.
- Mit welcher Wahrscheinlichkeit erhält man mehr Treffer als Nieten?
- Mit welcher Wahrscheinlichkeit erhält man beim 10. Spiel den 4. Treffer?

b) Das Glücksrad wird nun so lange gedreht, bis man einen Treffer erhält, höchstens jedoch viermal. Die Anzahl der Drehungen wird durch die Zufallsgröße X angegeben.
Berechnen Sie die Wahrscheinlichkeitsverteilung in Form einer Tabelle, den Erwartungswert und die Varianz dieser Zufallsgröße.

Aufgabe 3

Eine Getränkefirma möchte für ihr Produkt „Softpower“ den Bekanntheitsgrad p in der Bevölkerung durch Werbung im Fernsehen erhöhen. Ein erster Erfahrungswert deutet auf einen Bekanntheitsgrad von $p = 0{,}4$ hin. Es soll mittels einer Befragung von 100 Personen die Notwendigkeit von Werbemaßnahmen überprüft werden. Keine Einigkeit erreichen der Produkt- und Marketingleiter bei der Wahl der Nullhypothese.

a) Der Produktleiter möchte die Hypothese H_0 p: $< 0{,}4$ überprüfen.
Beschreiben Sie, welche Fehlentscheidung er damit möglichst vermeiden möchte.
Ermitteln Sie eine Entscheidungsregel für den Fall, dass die Wahrscheinlichkeit für eine Fehlentscheidung höchstens 5 % betragen soll.

bitte wenden!

b) Der Marketingleiter möchte lieber die Hypothese H_0: $p \geqq 0{,}4$ überprüfen. Er will H_0 verwerfen, falls höchstens 31 befragten Personen das Produkt bekannt ist.
Beschreiben Sie, welche Fehlentscheidung der Marketingleiter nach Möglichkeit vermeiden möchte, und berechnen Sie zugehörige Irrtumswahrscheinlichkeit. Bestimmen Sie ferner die Wahrscheinlichkeit, mit der die Entscheidungsregel zu einem Fehler führt, wenn der „Softpower" tatsächlich bei jedem 3. Bürger bekannt ist.

Aufgabe 4

Die Ebene E geht durch die Punkte A(0|1|0), B(3|0|0) und C(0|0|4).

a) Bestimmen Sie die Ebenengleichung in Parameter- und Koordinatendarstellung.

b) Untersuchen Sie, ob die Gerade g: $\vec{X} = \begin{pmatrix} -5 \\ 1 \\ 3 \end{pmatrix} + \lambda \begin{pmatrix} -3 \\ 2 \\ -4 \end{pmatrix}$; $\lambda \in \mathbb{R}$ parallel zur Ebene E verläuft.

Aufgabe 5

Gegeben sind in einem kartesischen Koordinatensystem der Punkt P(5|1|−2) und die Gerade
g: $\vec{X} = \begin{pmatrix} -1 \\ 4 \\ 7 \end{pmatrix} + \lambda \begin{pmatrix} -2 \\ 2 \\ -1 \end{pmatrix}$, $\lambda \in \mathbb{R}$, und die Ebene E: $2x_1 + x_2 + 2x_3 + 6 = 0$.

a) Bestimmen Sie den Schnittpunkt der x_3 - Achse mit der Ebene E.

b) Geben Sie die Ebene in Hesse'scher Normalform an!

c) Welchen Abstand hat P von E?

d) Unter welchen Winkel schneiden sich g und E?

Viel Erfolg !

mögliche Punkteverteilung

Aufgabe	1	2a	2	3a	3b	4a	4b	5a	5b	5c	5d	
Punkte	6	5	5	5	5	4	4	1	2	3	3	**43**

Vorüberlegungen Klausur 2.3

Lösung
Klausur 2.3

Allgemeine Hinweise
Themen dieser 2. Klausur sind die Kapitel „Wahrscheinlichkeitsverteilungen", „Erwartungswert und Varianz", „Binomialverteilung", Koordinatengeometrie im Raum" - hier auch Abstand und Schnittwinkel. Das wichtige Thema „Einseitiger Signifikanztest" wird durch eine ausführliche Aufgabe gewürdigt.
Zeit 60 Minuten

zu Aufgabe 1
Diese Aufgabe setzt Kenntnisse über Wahrscheinlichkeitsverteilungen und Wahrscheinlichkeitsfunktionen voraus und prüft die Handhabung solcher Funktionen. Die Aufgabe ist relativ einfach, aber wie immer, muss das Thema und deren Anwendungen gelernt sein. Diese Thematik dient als Voraussetzung für die Abituraufgaben und sollte auf jeden Fall beherrscht werden.

zu Aufgabe 2
Diese Aufgabe behandelt den Themenkomplex Binomialverteilung. Das Drehen eines Glückrades entspricht dem Urnenmodell „Ziehen mit Zurücklegen". Es interessieren nur „Treffer" oder „Nichttreffer".
Teilaufgabe a) verlangt zusätzlich zum Lösen mit der Binomialverteilung kombinatorische Kenntnisse und geht über dem reinen Abfragestandard hinaus.
Teilaufgabe b) behandelt wieder die Thematik Wahrscheinlichkeitsfunktion. Es muss eine Wahrscheinlichkeitsfunktion aufgestellt werden. Die Berechnung des Erwartungswert und der Varianz gehören wieder zum Standard.

zu Aufgabe 3
Auch in dieser Aufgabe wird mehr als das bloße Abfragen verlangt. Die Handhabung eines linksseitigen Tests und auch eines rechtsseitigen Tests werden abgefragt. Das Ausrechnen des kritischen Bereichs K mittels der Binomialverteilung muss ausgeführt werden. Interessant ist bei Teilaufgabe b), dass aufgrund der Vorgabe des kritischen Bereichs der Fehler 1. Art bestimmt werden muss.
Diese Aufgabe behandelt nahezu den gesamten Aufgabenbereich zum Thema „Einseitiger Signifikanztest". Diese Aufgabe hat absolutes Abiturniveau und sollte spätestens zum Abitur gelöst werden können.

zu Aufgabe 5
Hesse'sche Normalform einer Ebene als auch Abstandsbestimmungen sind in der Regel Aufgaben, die kurz vor dem Abitur besprochen wurde. Dass die Aufgabe in einer 2. Klausur gestellt wurde, spricht für ein straffes Tempo im Unterricht. Die Aufgabe ist absolut abiturrelevant und könnte auch so im Abitur gestellt werden.

Fazit
Es handelt sich um eine sehr anspruchsvolle Klausur, die auf jeden Fall Abiturniveau aufweist.

Lösung
Klausur 2.3

Aufgabe 1

Hinweise und Tipps

- Alle vier Einzelwahrscheinlichkeiten zusammen ergeben 1.
- zu D) F ist die kumulative Verteilungsfunktion der Zufallsgröße X.
  $F(2) = P(X \leqq 2)$

zu A $P(1 \leqq X \leqq 2) = 0{,}75$
$P(1 \leqq X \leqq 2) = P(X = 1) + P(X = 2) = 0{,}5 + 0{,}25 = 0{,}75$
Die Aussage ist wahr.

zu B $P(X \leqq 2) = P(X \geqq 3)$
$P(X \leqq 2) = 0{,}75$ (siehe A) $P(X \geqq 3) = 0{,}125$
Die Aussage ist falsch.

zu C Anteil der Arbeitnehmer, die keine Kinder haben ist 0,125. Dann ist der Anteil der Arbeitnehmer, die Kinder haben $1 - 0{,}125 = 0{,}875$.
$0{,}875 \cdot 10\,000 = 8750$ Mitarbeiter haben demnach Kinder.
$8750 \cdot 1000\,€ = 8750000\,€ = 8{,}75$ Millionen €.
Die Aussage ist richtig.

zu D Nein. Wie in C gezeigt ist diese Wahrscheinlichkeit = 0,875.
Die Aussage ist falsch.

zu E $F(2) = 0{,}25$
$F(2) = P(X \leqq 2) = P(X = 0) + P(X = 1) + P(X = 2) = 0{,}875$.
Die Aussage ist falsch.

Aufgabe 2

Hinweise und Tipps

- Denke daran, es gibt nur zwei Ausprägungen „gut“ oder „böse“, bzw. „schwarz“ oder „weiß“, „Treffer“ oder „Nichttreffer“, ... D-h. Es handelt sich um ein Bernoulli-Experiment.
- Das Drehen eines Glücksrades ist gleichbedeutend zu „Ziehen MIT Zurücklegen“, da bei jeder Drehung die Wahrscheinlichkeit für Treffer oder Nichttreffer immer gleich ist.
- zu a1) ..... mehr Treffer, d.h. 6 Treffer oder mehr. Arbeite mit der Gegenwahrscheinlichkeit, denn dann kannst du die Tabelle der kumulativen Verteilung benutzen.
- zu a2) Die Fragestellung bedeutet, dass in den 9 ersten Drehungen genau 3x ein Treffer erzielt wurde und bei der letzten (10.) Drehung dann noch ein Treffer.
  zu a2) Die Wahrscheinlichkeit, dass das Glücksrad 4x gedreht wird, bedeutet, dass die 1. dreimal kein Treffer ($p = 0{,}6$) erzielt wurde, bei der 4. Drehungen ist es egal ob Treffer oder Niete erfolgt. ($p = 1$)
- zu b) $\text{Var}(X) = \sum_{i=1}^{4}(x_i - E(X))^2 \cdot P(X = x_i)$

a1) Sei X die Zufallsvariable, die die Anzahl der Treffer angibt. Dann ist X binomialverteilt nach $B(n; p)$ mit den Parametern $p = \frac{2}{5} = 0{,}4$ und $n = 10$.
$P(X > 5) = 1 - p(X \leqq 5) = 1 - F_{0,4}^{10}(5) = 1 - 0{,}834 = 0{,}166$ (siehe Tabelle)

a2) Jetzt ist $n = 9$
$P(a2) = P(X = 3) \cdot 0{,}4 = \binom{9}{3} \cdot 0{,}4^3 \cdot (1 - 0{,}4)^{9-3} \cdot 0{,}4 = 84 \cdot 0{,}4^4 \cdot 0{,}6^6 = 0{,}1$

b) Sei X die Zufallsvaribale, die die Anzahl der Drehungen angibt.

x_i	1	2	3	4
$P(X = x_i)$	0,4	$0{,}6 \cdot 0{,}4 = 0{,}24$	$0{,}6 \cdot 0{,}6 \cdot 0{,}4 = 0{,}144$	$0{,}6 \cdot 0{,}6 \cdot 0{,}6 \cdot 1 = 0{,}216$

$E(X) = 0{,}4 \cdot 1 + 0{,}24 \cdot 2 + 0{,}144 \cdot 3 + 0{,}216 \cdot 4 = 2{,}176$

$V(X) = (1 - 2{,}176)^2 \cdot 0{,}4 + (2 - 2{,}176)^2 \cdot 0{,}24 + (3 - 2{,}176)^2 \cdot 0{,}144 + (4 - 2{,}176)^2 \cdot 0{,}216$

$= 1{,}377024$

Aufgabe 3

Hinweise und Tipps

Unbedingt merken: Entscheidungsregeln für links- und rechtsseitigen Test

Linkseiter Test: H_0: $p = p_0$ (oder $p \geqq p_0$)
H_1: $p < p_0$
kritischer Bereich $K = \{0; 1; ...; k)$,
wobei k die größte Zahl ganze Zahl ist
mit $P^n_{p_0}(Z \leqq k) \leqq \alpha$

Rechtseiter Test: H_0: $p = p_0$ (oder $p \leqq p_0$)
H_1: $p > p_0$
kritischer Bereich $K = \{k; k+1; ...; n)$,
wobei k die kleinste Zahl ganze Zahl ist
$P^n_{p_0}(Z \geqq k) \leqq \alpha$

a) Der Produktleiter möchte die Fehlentscheidung vermeiden, dass – obwohl Werbung notwendig wäre (d.h. der Bekanntheitsgrad von „Softpower" unter 40% liegt - keine Werbung gemacht wird. Hierbei wird der Fehler 1. Art beschrieben.
Die Nullhypothese lautet H_0: $p \leqq 0{,}4$ für „Werbemaßnahme notwendig" bei $n = 100$ Personen.
Die Gegenhypothese ist H_1: $p > 0{,}4$. Ist H_0 wahr, so ist die Zufallsvariable X (Anzahl der Personen, die „Softpower" kennen) binomialverteilt B(100; 0,4) verteilt.
Gesucht ist die kleinste Zahl k, sodass $P(X \geqq k) \leqq 0{,}05$, oder nach Umformung
$P(X \leqq k - 1) \geqq 0{,}95$. Nach der Tabelle ist

$P(X \leqq 47) = 0{,}936$ und
$P(X \leqq 48) = 0{,}958$.

Also gilt $k - 1 = 48$, oder $k = 49$.
Somit ist der Ablehnungsbereich für die Nullhypothese $K = \{49; 50; 51; .... ; 100\}$, d.h. H_0 würde bei höchstens 48 Kennern von „Softpower" akzeptiert werden.

b) Der Marketingleiter möchte die Fehlentscheidung vermeiden, Werbung zu machen, obwohl es gar nicht notwendig ist (d.h. mehr als 40% „Softpower" kennen). Die Irrtumswahrscheinlichkeit berechnet sich durch $P^{100}_{0,4}(X \leqq 31) = 0{,}040$. Somit soll die Wahrscheinlichkeit für den Fehler 1. Art höchstens 4% betragen.
Die Wahrscheinlichkeit, mit der die Entscheidungsregel zu einem Fehler führt, wenn der Bekanntheitsgrad von „Softpower" nur 33,3% beträgt, ist gegeben durch $P^{100}_{0,333}(X \leqq 31) = 0{,}353$.
Somit ist das Vorgehen des Marketingleiters sehr riskant.

Aufgabe 4

Hinweise und Tipps

- zu a) Die Bestimmung eines Normalenvektor zur Darstellung in Vektorform wird hier auf 2 Alternativen gezeigt:

  Alternative 1:

  Ein Normalenvektor $\vec{n}$ läßt sich als Vektorprodukt der beiden Richtungsvektoren von E berechnen. $\begin{pmatrix} u_1 \\ u_2 \\ u_3 \end{pmatrix} \times \begin{pmatrix} v_1 \\ v_2 \\ v_3 \end{pmatrix} = \begin{pmatrix} u_2v_3 - u_3v_2 \\ u_3v_1 - u_1v_3 \\ u_1v_2 - u_2v_1 \end{pmatrix}$

Alternative 2:
Berechnung des Normalenvektors durch Elimination von λ und μ

- zu a) Ein Normalenvektor $\vec{n}$ der Ebene E muss auf beiden Richtungsvektoren senkrecht stehen: $\vec{u_1} \circ \vec{n} = 0$ und $\vec{u_2} \circ \vec{n} = 0$. Die Lösung dieses Gleichungssystems führen zu einem Normalenvektor. (Diese Lösung wird nicht gezeigt)
- zu b) Ist das Skalarprodukt $\vec{n} \cdot \vec{u} = 0 \Leftrightarrow \vec{n} \perp \vec{u}$. Dann aber verläuft die Gerade parallel zur Ebene.
- zu b) Ein weitere (langwieriger) Lösungsweg wäre das Einsetzen des Ortsvektors $\vec{X}$ von g in die Koordinatendarstellung von E: Hat diese Gleichung keine Lösung, so sind g und E parallel.

a) <u>Ebene E durch A, B und C in Parameterform</u>
Geeignete Richtungsvektoren der Ebene sind z.B. :

$$\overrightarrow{AB} = \begin{pmatrix} 3 \\ 0 \\ 0 \end{pmatrix} - \begin{pmatrix} 0 \\ 1 \\ 0 \end{pmatrix} = \begin{pmatrix} 3 \\ -1 \\ 0 \end{pmatrix} \text{ und } \overrightarrow{AC} = \begin{pmatrix} 0 \\ 0 \\ 4 \end{pmatrix} - \begin{pmatrix} 0 \\ 1 \\ 0 \end{pmatrix} = \begin{pmatrix} 0 \\ -1 \\ 4 \end{pmatrix}$$

$$E: \vec{X} = \begin{pmatrix} 0 \\ 1 \\ 0 \end{pmatrix} + \lambda \begin{pmatrix} 3 \\ -1 \\ 0 \end{pmatrix} + \mu \begin{pmatrix} 0 \\ -1 \\ 4 \end{pmatrix}$$

<u>Gleichung der Ebene in Normalenform</u>

1. Lösungsweg Bestimmung eines Normalenvektors von E mittels Kreuzprodukt

$$\vec{n} = \begin{pmatrix} 3 \\ -1 \\ 0 \end{pmatrix} \times \begin{pmatrix} 0 \\ -1 \\ 4 \end{pmatrix} = \begin{pmatrix} -1 \cdot 4 - 0 \\ 0 - 3 \cdot 4 \\ 3 \cdot (-1) - 0 \end{pmatrix} = \begin{pmatrix} -4 \\ -12 \\ -3 \end{pmatrix}$$

Auch $-\vec{n} = \begin{pmatrix} 4 \\ 12 \\ 3 \end{pmatrix}$ ist ein Normalenvektor.

Ansatz für eine Ebenengleichung: $4x_1 + 12x_2 + 3x_3 = c$ Z.B. A(0|1|0) einsetzen:
$12 = c$
mögliche Ebenengleichung in Koordinatendarstellung: $4x_1 + 12x_2 + 3x_3 - 12 = 0$

2. Lösungsweg Bestimmung eines Normalenvektors von E durch Elimination von λ und μ

I. $x_1 = 3\lambda \qquad \Rightarrow \lambda = \frac{1}{3}x_1$

II. $x_2 = 1 - \lambda - \mu$

III. $x_3 = 4\mu \qquad \Rightarrow \mu = \frac{1}{4}x_3$

I. und III. in II. einsetzen: $x_2 = 1 - \frac{1}{3}x_1 - \frac{1}{4}x_3 \qquad \Rightarrow -4x_1 - 12x_2 - 3x_3 + 12 = 0$ oder
$4x_1 + 12x_2 + 3x_3 - 12 = 0$ ist eine mögliche Ebenengleichung.

b) $\vec{n} \cdot \vec{u} = \begin{pmatrix} 4 \\ 12 \\ 3 \end{pmatrix} \cdot \begin{pmatrix} -3 \\ 2 \\ -4 \end{pmatrix} = 4 \cdot (-3) + 12 \cdot 2 + 3 \cdot (-4) = 0.$

Damit stehen der Richtungsvektor der Geraden g und der Normalenvektor der Ebene E senkrecht aufeinander, die Gerade verläuft folglich parallel zur Ebene.

Aufgabe 5

Hinweise und Tipps

- Der Abstand eines Punktes P von einer Ebene ist besonders offensichtlich, wenn die Ebene in Hesse'scher Normalform gegeben ist.

$$E: \frac{n_1x_1+n_2x_2+n_3x_3+n_0}{\sqrt{n_1^2+n_2^2+n_3^2}} = 0$$

- c) Für den spitzen Winkel α, der zwischen Gerade und Ebene ist, gilt nach Definition des Skalarprodukts: $\sin\alpha = \frac{|\vec{u} \circ \vec{n}|}{|\vec{u}| \cdot |\vec{n}|}$, wobei $\vec{u}$ der Richtungsvektor der Geraden darstellt und $\vec{n}$ der Normalenvektor von E.

a) Für den Schnittpunkt S von E mit der x_3- Achse muss $x_1 = x_2 = 0$ sein.

$2x_3 + 6 = 0 \qquad \Leftrightarrow x_3 = -3$

Der Schnittpunkt lautet $S(0|0|-3)$

b) $|\vec{n}| = \sqrt{n_1^2 + n_2^2 + n_3^2} = \sqrt{2^2 + 1^2 + 2^2} = \sqrt{9} = 3$

E: $\frac{1}{3} \cdot (2x_1 + x_2 + 2x_3 + 6) = 0$, Darstellung der Ebene E in Hesse'scher Normalform

c) Für den Abstand d eines Punktes $P(p_1|p_2|p_3)$ von E gilt: $d = \left|\frac{n_1p_1+n_2p_2+n_3p_3+n_0}{\sqrt{n_1^2+n_2^2+n_3^2}}\right|$

$d = |\frac{1}{3} \cdot (2 \cdot 5 + 1 + 2 \cdot (-2) + 6)| = \frac{13}{3}$

Der Abstand beträgt $= \frac{13}{3}$ LE.

d) Mit dem Richtungsvektor $\vec{u} = \begin{pmatrix} -2 \\ 2 \\ -1 \end{pmatrix}$ von g und den Normalenvektor $\vec{n} = \begin{pmatrix} 2 \\ 1 \\ 2 \end{pmatrix}$ von E ergibt sich für den Schnittwinkel zwischen g und E:

$$\sin\alpha = \frac{|\vec{u} \circ \vec{n}|}{|\vec{u}| \cdot |\vec{n}|} = \frac{|(-2)\cdot 2+2\cdot 1+(-1)\cdot 2|}{\sqrt{(-2)^2+2^2+(-1)^2} \cdot \sqrt{2^2+1^2+2^2}} = \frac{|-4|}{3\cdot 3} = \frac{4}{9}.$$

Der Taschenrechner liefert: $\alpha = 26{,}4°$

BE

Musteraufgaben zum Aufgabenpool 1

1 Die Abbildung zeigt den Graphen der in IR definierten Funktion f mit $f(x) = -0{,}5x^3 + 4{,}5x^2 - 12x + 7{,}5$.

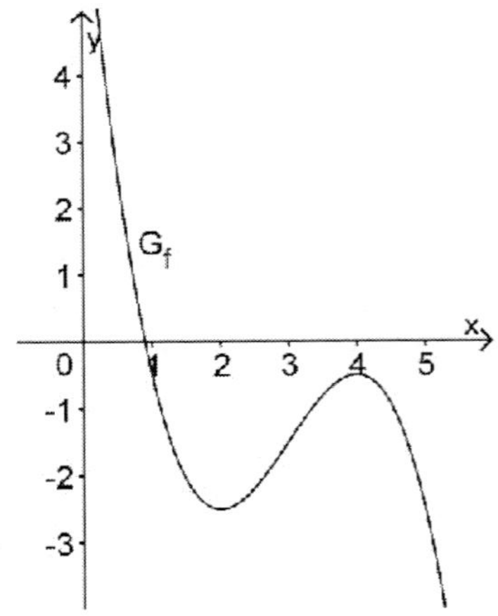

2 **a)** Begründen Sie ohne Rechnung, dass die Gleichung $0 = -0{,}5 \cdot x^3 + 4{,}5 \cdot x^2 - 12 \cdot x + 7{,}5$ nur genau eine Lösung hat.

3 **b)** Berechnen Sie die Koordinaten des Wendepunkts des Graphen von f.

5 **2** Das Rechteck ABCD mit $A(1|0)$, $B(4|0)$, $C(4|2)$ und $D(1|2)$ wird durch den Graphen der in IR_0^+ definierten Funktion f mit $f(x) = \sqrt{x}$ in zwei Teilflächen zerlegt. Ermitteln Sie das Verhältnis der Inhalte der beiden Teilflächen.

BE

Musteraufgaben zum Aufgabenpool 2

1 Ein quaderförmiges Speicherbecken für eine Flüssigkeit hat eine Grundfläche von $5\,m^2$ und ist zunächst leer. Der nebenstehende Graph gibt die Zufluss- bzw. Abflussrate (in $\frac{m^3}{h}$) der Flüssigkeit über einen Zeitraum von fünf Stunden wieder.

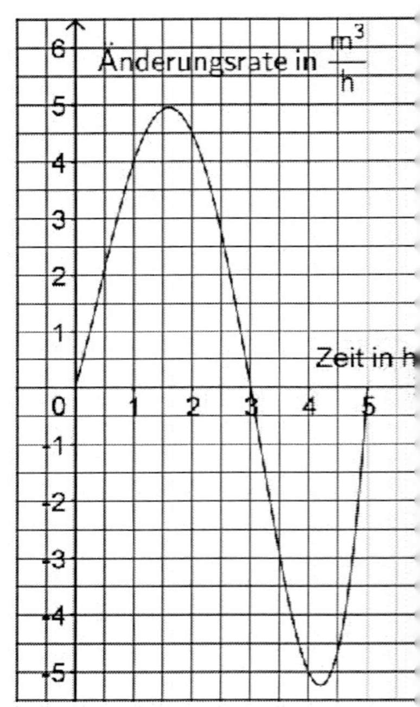

2 **a)** Bestimmen Sie näherungsweise das Volumen der in den ersten drei Stunden zufließenden Flüssigkeit.

3 **b)** Skizzieren Sie in das nebenstehende Koordinatensystem einen möglichen Graphen, der die Höhe (in m) des Flüssigkeitsstands im Speicherbecken in Abhängigkeit von der Zeit (in h) beschreibt.

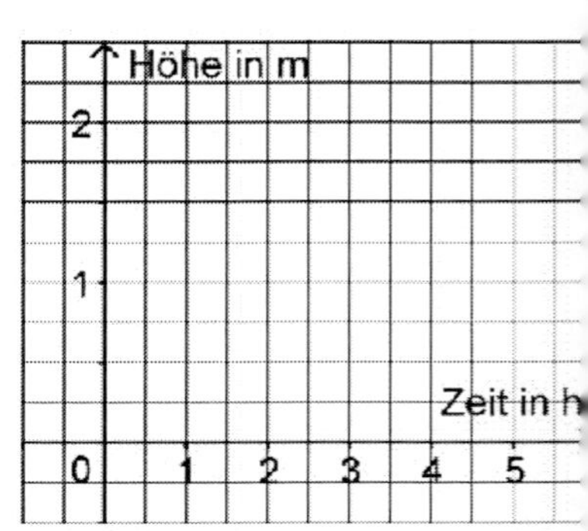

5 **2** Für jeden Wert für a ($a \in \mathbb{R} \setminus \{0\}$) ist eine Funktion f_a gegeben durch $f_a(x) = e^{a \cdot x^2}$ ($x \in \mathbb{R}$). Zeigen Sie, dass die Tangente t_a an den Graphen der Funktion f_a im Punkt $P_a(1 \mid f_a(1))$ durch die Gleichung $t_a(x) = 2a \cdot e^a \cdot x + e^a \cdot (1-2a)$ beschrieben werden kann.

BE

Musteraufgaben zum Aufgabenpool 1 (Stochastik)

1 Die Zufallsvariable X ist binomialverteilt mit $n = 10$ und $p = 0{,}6$.

3 **a)** Geben Sie an, welche der Abbildungen die Verteilung von X darstellt. Begründen Sie Ihre Auswahl.

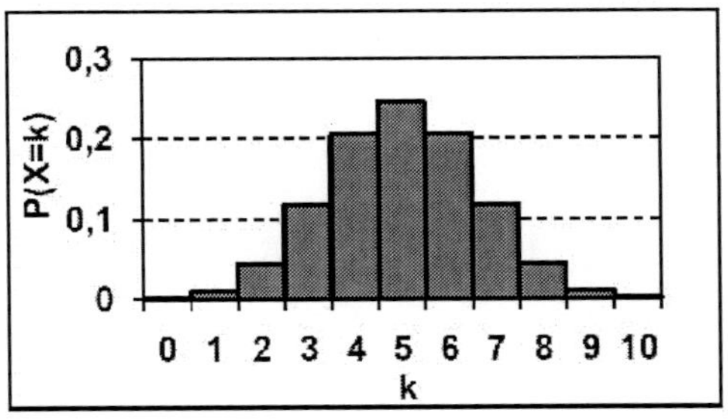

Abbildung 1

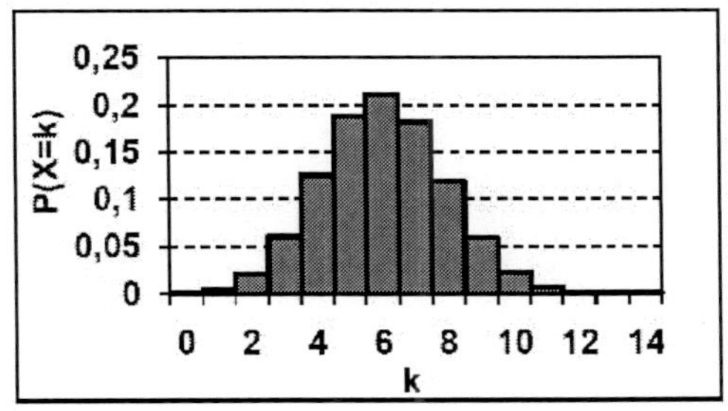

Abbildung 2

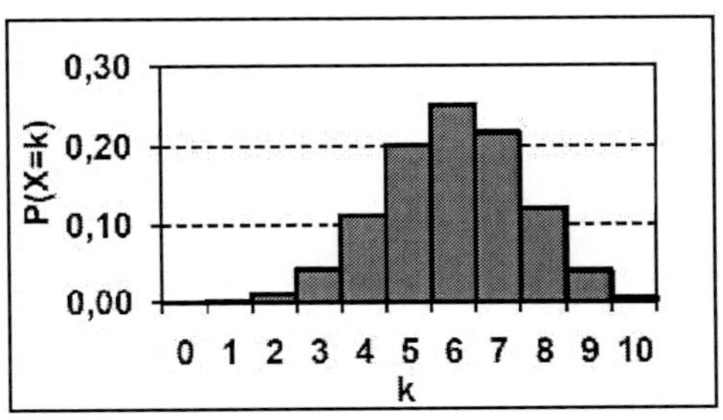

Abbildung 3

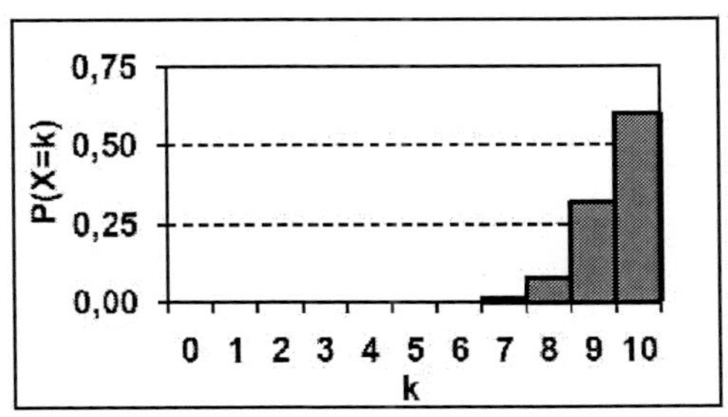

Abbildung 4

2 **b)** Geben Sie mithilfe der von Ihnen ausgewählten Abbildung näherungsweise die Wahrscheinlichkeit $P(4 < X < 7)$ und die Wahrscheinlichkeit $P(X \neq 5)$ an.

2 In den Urnen U_1 und U_2 befinden sich Kugeln, die sich nur in ihrer Farbe unterscheiden:

U_1: sechs rote und vier blaue Kugeln

U_2: eine rote und vier blaue Kugeln

2 **a)** Aus der Urne U_1 werden zwei Kugeln nacheinander ohne Zurücklegen zufällig gezogen. Bestimmen Sie die Wahrscheinlichkeit dafür, dass die beiden gezogenen Kugeln die gleiche Farbe haben.

3 **b)** Es wird eine der beiden Urnen zufällig ausgewählt. Aus dieser wird eine Kugel zufällig gezogen. Die gezogene Kugel ist rot.
Bestimmen Sie die Wahrscheinlichkeit dafür, dass diese Kugel aus der Urne U_1 stammt.

BE

Musteraufgaben zum Aufgabenpool 2 (Stochastik)

1 Verteilungen von Zufallsgrößen werden durch Parameter charakterisiert.

2 **a)** In den Klassen 10a und 10b, die jeweils aus 25 Schülern bestehen, wurden die Leistungen jedes Schülers im Weitsprung ermittelt. Die Zufallsgrößen A und B ordnen jeweils einem zufällig ausgewählten Schüler der Klasse 10a bzw. 10b seine Sprungweite in Metern zu. Für die Erwartungswerte der beiden Zufallsgrößen gilt $E(A) = E(B)$, für die Standardabweichungen $\sigma(A) < \sigma(B)$.
Erklären Sie anschaulich, was diese beiden Beziehungen für die Verteilungen der Sprungweiten bedeuten.

3 **b)** Eine Zufallsgröße X kann fünf unterschiedliche Werte annehmen. Geben Sie eine Wahrscheinlichkeitsverteilung der Zufallsgröße X so an, dass der Erwartungswert zwischen dem kleinsten und dem zweitkleinsten Wert dieser Zufallsgröße liegt.

2 Eine verbeulte Münze wird mehrfach geworfen. Die Wahrscheinlichkeit dafür, dass bei einem Wurf „Wappen“ fällt, beträgt p.

3 **a)** Geben Sie jeweils einen Term zur Berechnung der Wahrscheinlichkeit der folgenden Ereignisse A und B an:

A: Bei fünf Würfen fällt genau dreimal „Wappen“.

B: Bei fünf Würfen fällt genau dreimal „Wappen“, darunter bei den ersten beiden Würfen zweimal.

2 **b)** Die Wahrscheinlichkeit dafür, dass bei drei Würfen dreimal „Wappen“ fällt, ist 0,216. Untersuchen Sie, ob das Ergebnis „Wappen“ wahrscheinlicher ist als das Ergebnis „Zahl“.

BE

Musteraufgaben zum Aufgabenpool 1 (Analytische Geometrie)

1 Gegeben sind die Ebene $E: 2 \cdot x_1 + x_2 - x_3 - 4 = 0$ sowie der Punkt $P(-3\,|\,0\,|\,2)$.

1 **a)** Zeigen Sie, dass der Punkt P nicht in der Ebene E liegt.

4 **b)** Spiegelt man den Punkt P an der Ebene E, so erhält man den Punkt P′. Ermitteln Sie die Koordinaten von P′.

2 Gegeben ist das Viereck ABCD mit den Eckpunkten $A(0\,|\,0\,|\,0)$, $B(-3\,|\,1\,|\,4)$, $C(2\,|\,-4\,|\,4)$ und $D(5\,|\,-5\,|\,0)$.

3 **a)** Weisen Sie nach, dass das Viereck ABCD ein Parallelogramm, aber kein Rechteck ist.

2 **b)** Geben Sie die Koordinaten des Mittelpunkts und den Radius eines Kreises mit dem Durchmesser $[AC]$ an.

BE	Musteraufgaben zum Aufgabenpool 2 (Analytische Geometrie)
5	**1** Im Raum sind eine Gerade g und ein Punkt A, der nicht auf der Geraden g liegt, gegeben. Beschreiben Sie einen Weg zur Ermittlung der Koordinaten zweier Punkte B und C der Geraden g, die zusammen mit A ein rechtwinkliges, gleichschenkliges Dreieck bilden.
	2 Gegeben sind die Ebenen E_1 und E_2 mit $E_1: 6x_1 - x_2 - 4x_3 = 12$ und $E_2: -3x_1 + 5x_2 + 2x_3 = -6$. Die Punkte $A(2\|0\|0)$ und $B(0\|0\|-3)$ liegen in beiden Ebenen.
1	**a)** Begründen Sie, dass die Ebenen E_1 und E_2 nicht identisch sind.
2	**b)** Ermitteln Sie die Koordinaten eines von A und B verschiedenen Punkts, der ebenfalls in beiden Ebenen liegt.
2	**c)** In der Gleichung von E_2 soll genau ein Koeffizient so geändert werden, dass eine Gleichung der Ebene E_1 entsteht. Geben Sie diese Änderung an und begründen Sie Ihre Antwort.

Vorbemerkungen

Lösung Pool-aufgaben

Allgemeine Hinweise

Bei dem Aufgabenpool handelt es sich um länderübergreifende Aufgabenteile in den Abiturprüfungen der Länder Bayern, Hamburg, Mecklenburg-Vorpommern, Niedersachsen, Schleswig-Holstein und Sachsen, die erstmalig zum Abitur 2014 eingesetzt werden.
Es sind von den beteiligten Ländern gestellte Musteraufgaben. Für das Fach Mathematik werden zwei Aufgabenpools vorgelegt, die sich dadurch unterscheiden, dass die Aufgaben aus dem Aufgabenpool 1 einfacher sind als die aus dem Aufgabenpool 2. Die Aufgaben der beiden Aufgabenpools sind ohne elektronische Hilfsmittel (z.B. Taschenrechner, Software) sowie ohne Tabellen- oder Formelsammlung zu bearbeiten.

Aufgaben Pool 1, Analysis

Es handelt sich um Teilbereiche von Kurvenuntersuchungen rationaler und Wurzel-Funktionen. Aufgabe 1 verlangt mathematische verbale Schlussfolgerungen. Teilaufgabe1b) wird dann doch eine Standard-Kurvenuntersuchung abgefragt.
Aufgabe 2 ist eine leichte Integrationsaufgabe. Um mehr Punkte zu bekommen wird dann noch nach einem Teilverhältnis gefragt. Das kommt in vielen Prüfungsaufgaben vor um dann doch noch einen Schlenker in dir Bruchrechnung gemacht wird.

Aufgaben Pool 2, Analysis

Aufgabe 1 beinhaltet eine leichte Abfrage bzgl. der Änderungsrate. Wenig Rechnen, nur Abzählen der Rechenkaros wird verlangt. Einführungsstoff Integrale in Klasse 12.
Aufgabe 2 ist eine klassische (bayerische) Ableitungsaufgabe der e-Funktion und Bestimmung einer Tangentenfunktion. Absoluter Standard, der aber zumindest in Bayern sehr viel geübt wird und unbedingt beherrscht werden muss.

Aufgaben Pool 1, Stochastik

Aufgaben zur Binomialverteilung haben eine sehr hohe Priorität im Abitur. Die Aufgabe 1 fragt Grundsätzliches über die Binomialverteilung ab. Ist einfach lösbar.
Die Anwendung eines Urnenmodells ist unabdingbar. Ebenso die bedingte Wahrscheinlichkeit gehört zum Standard. Auch eine Muss-Aufgabe.

Aufgaben Pool 2, Stochastik

Obwohl zum Pool 2 gehörend ist die 1. Aufgabe einfach – vorausgesetzt, man hat im Vorfeld Übungen zu den Verteilungsparametern Erwartungswert, Varianz und Standardabweichung erarbeitet. Teilaufgabe b) ist eine „Probieraufgabe" und setzt ein Wissen über Verteilungen voraus.
Bei Aufgabe 2 ist wiederum eine Prüfung bzgl. Binomialverteilung aber in einfacher Form gegeben.

Aufgaben Pool 1, Analytische Geometrie

Diese 1. Aufgabe ist als Beispiel in den Lehrbüchern angegeben. Wenn man die Vorgehensweise weiß, ist die Aufgabe einfach. Die Spiegelung an einer Ebene gehört doch zu dem umfangreichen Standard.
Aufgabe 2 ist einfacher Standard. Derartige Aufgaben kamen bisher in jedem Jahr in Bayern im Abitur dran.

Aufgaben Pool 2, Analytische Geometrie

Aufgabe1 findet man nicht im Lehrbuch, wird aber im Unterricht besprochen.
Aufgabe 2 über Ebene ist doch recht einfach und sollte gelöst werden können.

Lösung Pool-aufgaben

Aufgabe 1 Pool 1(Analysis)

Hinweise und Tipps

- a) Die Begründung muss mit dem Verhalten der Funktion im Unendlichen und die mögliche Anzahl der Nullstellen einer Funktion 3. Grades ausgeführt werden
- a) Beim Betrachten des Grenzwertes für $x \rightarrow \pm\infty$ ist der Teilterm mit dem höchsten Exponenten, also $-0{,}5x^3$, von Bedeutung. Dann $\lim_{x\to-\infty} -5x^3 = +\infty$ und $\lim_{x\to\infty} -5x^3 = \infty$

a)

- Der Graph stellt eine ganzrationale Funktion 3. Grades dar
- Eine ganzrationale Funktion 3. Grades hat maximal drei Nullstellen und maximal zwei Extremwerte
- Für die Funktion f(x) gilt: $\lim_{x\to-\infty} f(x) = +\infty$ und $\lim_{x\to\infty} f(x) = -\infty$

Da die beiden Extremwerte unterhalb der x-Achse liegen und aufgrund den oben genannten Tatsachen kann die Funktion f(x) die x-Achse nicht mehr schneiden.

b)

$f'(x) = -3 \cdot 0{,}5x^2 + 4{,}5 \cdot 2x - 12$ $\qquad f'(x) = -1{,}5x^2 + 9x - 12$

$f''(x) = -2 \cdot 1{,}5x + 9$ $\qquad f''(x) = -3x + 9$

$f'''(x) = -3$

$f''(x) = 0 \quad \Leftrightarrow -3x + 9 = 0 \Leftrightarrow \quad x = 3$

$f(3) = -0{,}5 \cdot 3^3 + 4{,}5 \cdot 3^2 - 12 \cdot 3 + 7{,}5 = -1{,}5$

Da $f'''(x) \neq 0$ existiert der Wendepunkt W(3 | −1,5).

Aufgabe 2 Pool 1 (Analysis)

Hinweise und Tipps

- Eine Skizze ist immer hilfreich. Die Gesamtfläche sei A, Teilfäche unterhalb der Funktion A_1 und die Teilfläche oberhalb der Funktion A_2
- Denken Sie daran: $\sqrt{x} = x^{\frac{1}{2}}$. Dann die Integrationsregel $\int x^n dx = \frac{1}{n+1} x^{n+1} + C$ anwenden
- $4^{\frac{3}{2}} = \sqrt{4 \cdot 4 \cdot 4} = 8$

Fläche des Rechtecks: $3 \cdot 2 = 6$ FE $\qquad A_1 + A_2 = 6$

$A_1 = \int_1^4 \sqrt{x}\, dx = \int_1^4 x^{\frac{1}{2}}\, dx = \left[\frac{1}{\frac{3}{2}} x^{\frac{3}{2}}\right]_1^4 = \frac{2}{3} \cdot 4^{\frac{3}{2}} - \frac{2}{3} \cdot 1 =$

$\frac{2}{3} \cdot 8 - \frac{2}{3} = \frac{14}{3}$

$A_2 = 6 - A_1 = 6 - \frac{14}{3} = \frac{4}{3}$

Verhältnis $\frac{A_1}{A_2} = \frac{\frac{14}{3}}{\frac{4}{3}} = 7:2$ oder $\frac{A_2}{A_1} = 2:7$

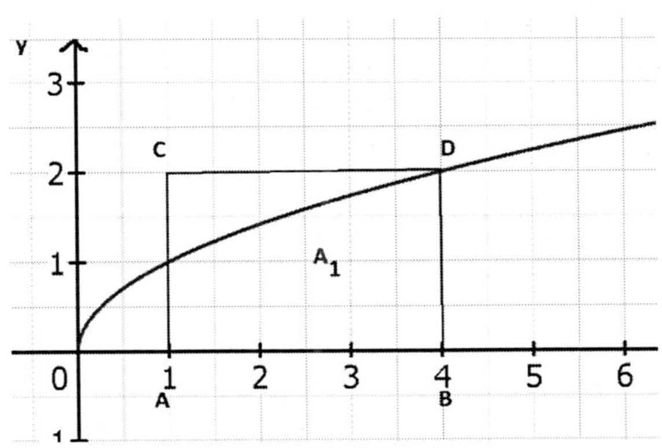

Aufgabe 1 Pool 2 (Analysis)

Hinweise und Tipps

- zu a) Das gesuchte Volumen ist der Flächeninhalt zwischen dem Graphen, der x–Achse und den Grenzen 0 und 3. (Maßeinheit x-Achse · Maßeinheit y-Achse) = (gesuchte Maßeinheit) $h \cdot \frac{m^3}{h} = \mathrm{m}^3$
- zu b) Man bestimmt z.B. zu jeder Stunde das Volumen –Genauer ist für jede ½ Stunde dafür aber auch zeitaufwendiger –. Dabei addiert man die Rechenkästchen bis zur gewünschten Stunde und multipliziert die Anzahl mit $0{,}25\mathrm{m}^3$. Dies ist dann das Volumen zur angegebenen Stunde. Nun wird das Volumen durch die Grundfläche von $5\mathrm{m}^2$ geteilt um die Höhe zu erhalten, die dann eingezeichnet wird. $\mathrm{V} = \mathrm{G} \cdot \mathrm{h}$ oder $\mathrm{h} = \frac{\mathrm{V}}{\mathrm{G}}$.
- zu b) Aufgrund des kleinen Maßstabs kann kaum Rücksicht auf das Krümmungsverhalten genommen werden.
- zu b) Wichtig ist, dass nach 3 Stunden die Höhe fällt.

a)

Ein Rechenkaro entspricht $0{,}5\mathrm{h} \cdot 0{,}5\frac{m^3}{h} = 0{,}25\mathrm{m}^3$.
Durch Abzählen erhält man ca. 36 Rechenkaros: Das Volumen der ersten drei Stunden beträgt ca. 9 m^3 ($= 36 \cdot 0{,}25\mathrm{m}^3$).

b)

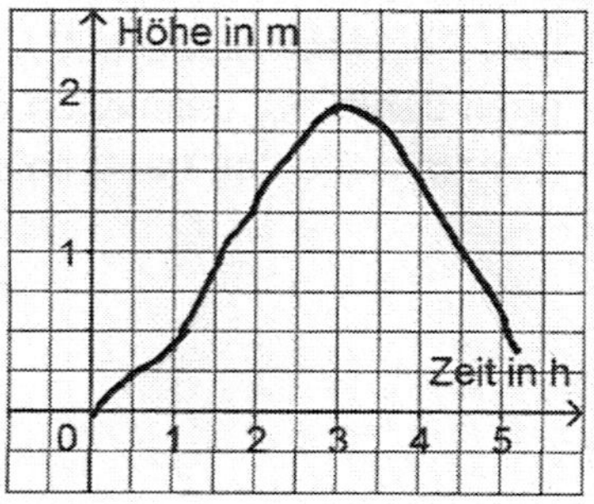

Aufgabe 2 Pool 2 (Analysis)

Hinweise und Tipps

- Die allgemeine Tangentengleichung hat die Form $y = mx + t$
- Achtung: a ist nur ein Parameter, keine Variable
- Bei der Ableitung ist die Kettenregel anzuwenden

Gesucht $t_a(x) = m\,x + t$

Bestimmung des Funktionswertes für $x = 1$: $f_a(1) = e^{a \cdot 1} = e^a$

Bestimmung von m:

$m(x) = f_a'(x) = 2axe^{ax^2} \Rightarrow m(1) = 2ae^a$

Bestimmung von t: $P(1|e^a)$ in die Tangentengleichung $y = 2ae^a\,x + t$ einsetzen:

$e^a = 2ae^a + t \quad \Rightarrow \quad t = e^a - 2ae^a = e^a \cdot (1 - 2a)$

Insgesamt: $t_a(x) = 2ae^a\,x + e^a \cdot (1 - 2a)$

Aufgabe 1 Pool 1 (Stochastik)

Hinweise und Tipps

- zu a) Über dem Erwartungswert einer binomialverteilten Zufallsgröße ist die Säule am größten
- zu a) Bei Abbildung 2 ist für x = 5 der Wert P(X=5) knapp unterhalb von 0,2 und für X=6 nicht ganz so knapp. D.h. Die Abbildung ist „linkslastig".
- zu b) Arbeite mit der Komplementärregel $P = 1 - \overline{P}$

a) Der Erwartungswert der binomialverteilten Zufallsgröße X ist $E(X) = n \cdot p = 10 \cdot 0{,}6 = 6$
Abbildung 1 und Abbildung 4: falsch, da der Erwartungswert nicht 6 ist
Abbildung 2: Da p = 0,6 ist die Verteilung „rechtslastig" und nicht „linkslastig"
Abbildung 3 ist richtig.
b) $P(4 < X < 7) = P(X = 5) + P(X = 6) \approx 0{,}2 + 0{,}25 = 0{,}45$
$P(X \neq 5) = 1 - P(X = 5) \approx 1 - 0{,}2 = 0{,}8$

Aufgabe 2 Pool 1 (Stochastik)

Hinweise und Tipps

- zu a) Man kann die Aufgabe mit Hilfe eines Urnenmodells grapsch veranschaulichen und lösen.
- zu a) Achtung: Urne 2 kommt hier gar nicht vor
- zu a) Pfadregeln: Innerhalb eines Pfades wird multipliziert, außerhalb addiert
- zu b) Für die bedingte Wahrscheinlichkeit gilt: $P(A \cap B) = P(A) \cdot P_A(B)$

a)Seit r = rot und b = blau

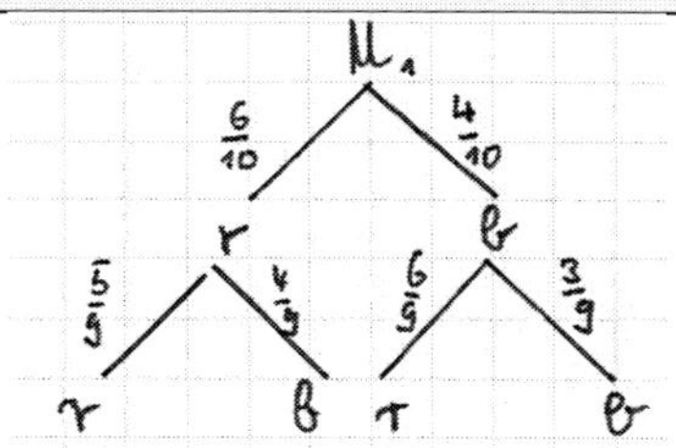

$P(rr \cup bb) = \frac{6}{10} \cdot \frac{5}{9} + \frac{4}{10} \cdot \frac{3}{9} = \frac{7}{15}$

b)

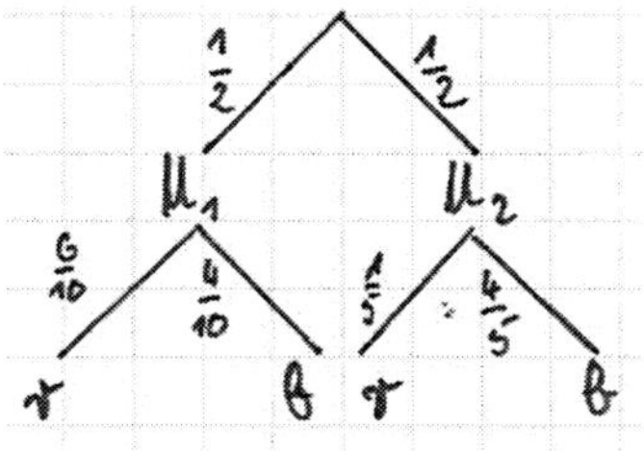

$P_R(U_1) = \frac{P(R \cap U_1)}{P(R)} =$

$\frac{\frac{1}{2} \cdot \frac{6}{10}}{\frac{1}{2} \cdot \frac{6}{10} + \frac{1}{2} \cdot \frac{1}{5}} = \frac{\frac{6}{10}}{\frac{6}{10} + \frac{1}{5}} = \frac{3}{4}$

Lösung Pool-aufgaben

Aufgabe 1 Pool 2 (Stochastik)

Hinweise und Tipps

- zu a)Die Standardabweichung ist die **durchschnittliche Abweichung** einer Variable von dere arithmetischem Mittel.
- zu b) Die Summe aller Wahrscheinlichkeiten der 5 Werte muss gleich 1 sein.
- zu b) Wähle einfache Werte wie z.B. 0, 1, 2, 3 und 4.
- zu b) Vorgehensweise: Wähle für den Wert 0 eine große Wahrscheinlichkeit, den nächsten größeren Werten werden möglichst kleine Wahrscheinlichkeiten zugeordnet. Somit erhält man dann einen Erwartungswert, der ziemlich klein ist.
- zu b) Es handelt sich hier um einen Lösungsvorschlag. Andere Lösungen sind natürlich auch möglich.

a)

$E(A) = E(B)$ $\Rightarrow$ Die durchschnittliche Sprungweite ist bei beiden Klassen gleich.

$\sigma(A) < \sigma(B)$ $\Rightarrow$ Die Sprungweiten der einzelnen Schüler in Klasse A streuen weniger um den Mittelwert als die der Schüler in Klasse B

b)

X	0	1	2	3	4
p(X)	0,6	0,1	0,1	0,1	0,1

$E(X) = 0 \cdot 0{,}6 + 1 \cdot 0{,}1 + 2 \cdot 0{,}1 + 3 \cdot 0{,}1 + 4 \cdot 0{,}1 = 0{,}9$

0,9 liegt zwischen 0 (dem kleinsten Wert) und 1 (dem zweitkleinste Wert)

Aufgabe 2 Pool 2 (Stochastik)

Hinweise und Tipps

- Da das n-malige Werfen der Münze dem Urnenmodell mit Zurücklegen entspricht und nur zwei Ereignisse (Wappen oder Zahl) eintreten können, handelt es sich um eine Bernoulli-Kette mit der Länge n und dem Parameter p (Wahrscheinlichkeit, dass Wappen fällt)
- Eine Zufallsgröße X heißt binomialverteilt, wenn gilt:
  - X kann die Werte 0; 1; 2; ....; n annehmen
  - $P(X = k) = \binom{n}{k} p^k \cdot (1 - p)^{n-k}$
- zu a, Teil B) Es handelt sich um eine Kombination aus Produkt-Wahrscheinlichkeit und binomialer Wahrscheinlichkeit
- zu b) Man bestimmt mit Hilfe des Terms der Binomialverteilung die Wahrscheinlichkeit p für „Wappen“. Dann ist 1 – p die Wahrscheinlichkeit für „Zahl“
- zu b) Denke daran: $\binom{k}{k} = 1$, ebenso wie $\binom{k}{0} = 1$.

Sei X die Anzahl der Wappen n-fachen Werfen der Münze. Dann ist $X \sim B(n; p)$, d.h. binomialverteilt.

a) A: $X \sim B(5; p)$, $p(X{=}3) = \binom{5}{3} p^3 \cdot (1 - p)^2$

B: $p \cdot p \cdot \binom{3}{1} p^1 \cdot (1 - p)^2 = p^2 \cdot \binom{3}{1} p \cdot (1 - p)^2$

↑ 1.beiden Würfe ↑ letzten drei Würfe

b) $X \sim B(3; p)$

$p(X{=}3) = \binom{3}{3} p^3 \cdot (1 - p)^0 = 0{,}216 \quad \Leftrightarrow \quad p^3 = 0{,}215 \quad \Leftrightarrow \quad p = 0{,}6$

Dann ist $1 - p = 0{,}4$. D.h. Die Wahrscheinlichkeit für „Wappen“ ist größer als für „Zahl“.

Lösung
Pool-
aufgaben

Aufgabe1 Pool 1 (Analytische Geometrie)

Hinweise und Tipps zu b)

- Ein Normalenvektor ist ein Vektor, der senkrecht (orthogonal) auf einer Geraden oder Ebene steht. Die Gerade, die diesen Vektor als Richtungsvektor besitzt, heißt Normale.
- Der Normalenvektor lässt sich aus der Ebenengleichung ablesen.
- F ist der Fußpunkt des Lotes in E.
- P wird als Aufpunkt der Lotgeraden gewählt
- P und P´ sind symmetrische Punkte , liegen auf der Lotgerade und sind von F gleich weit entfernt

E: $2x_1 + x_2 - x_3 - 4 = 0$ P(−3|0|2)

a) P einsetzen in E:

$2 \cdot (-3) + 0 - 2 - 4 = -12 \neq 0$, d.h. die Gleichung wird nicht erfüllt ⇒ P liegt nicht in E.

b) Bestimmung der Lotgeraden l von P auf E

Der Normalenvektor aus der Ebene E lautet: $\begin{pmatrix} 2 \\ 1 \\ -1 \end{pmatrix}$. $l: \vec{X} = \begin{pmatrix} -3 \\ 0 \\ 2 \end{pmatrix} + \mu \cdot \begin{pmatrix} 2 \\ 1 \\ -1 \end{pmatrix}$

Bestimmung von F:

F ist Schnittpunkt von l und E: l in E einsetzen

$l \cap E \Leftrightarrow 2 \cdot (-3 + 2\mu) + \mu - (2 - \mu) - 4 = 0 \quad \Leftrightarrow -6 + 4\mu + \mu - 2 + \mu - 4 = 0 \quad \Leftrightarrow \quad \mu = 2$

μ eingesetzt in l: F(1|2|0)

P und P´sind gleich weit entfernt: ⇒ $\mu = 2 \cdot 2 = 4$, einsetzen in l ergibt:

P´(5|4|−2)

Aufgabe 2 Pool 1 (Analytische Geometrie)

Hinweise und Tipps zu a):

- Jedes Rechteck ist ein Parallelogramm, aber nur Parallelogramme mit rechten Winkeln sind Rechtecke
- zu a) Es ist zu zeigen, dass es je zwei parallele Vektoren gibt
- zu a) Zwei Vektoren $\vec{a}$ und $\vec{b}$ heißen zueinander orthogonal (rechtwinklig), wenn $\vec{a} \circ \vec{b} = 0$, d.h. das Skalarprodukt ergibt 0

a)

$\overrightarrow{AB} = \begin{pmatrix} -3 \\ 1 \\ 4 \end{pmatrix}$, $\overrightarrow{AD} = \begin{pmatrix} 5 \\ -5 \\ 0 \end{pmatrix}$,

$\overrightarrow{DC} = \begin{pmatrix} 2 \\ -4 \\ 4 \end{pmatrix} - \begin{pmatrix} 5 \\ -5 \\ 0 \end{pmatrix} = \begin{pmatrix} -3 \\ 1 \\ 4 \end{pmatrix}$, $\overrightarrow{BC} = \begin{pmatrix} 2 \\ -4 \\ 4 \end{pmatrix} - \begin{pmatrix} -3 \\ 1 \\ 4 \end{pmatrix} = \begin{pmatrix} 5 \\ -5 \\ 0 \end{pmatrix}$,

$\overrightarrow{AB}$ ist parallel zu $\overrightarrow{DC}$ und $\overrightarrow{AD}$ ist parallel zu $\overrightarrow{BC}$.

$\overrightarrow{AB} \circ \overrightarrow{AD} \neq 0$, denn $\begin{pmatrix} -3 \\ 1 \\ 4 \end{pmatrix} \circ \begin{pmatrix} 5 \\ -5 \\ 0 \end{pmatrix} = (-3) \cdot 5 + 1 \cdot (-5) + 4 \cdot 0 \neq 0$. Wegen der Parallelität je zwei Vektoren sind auch die anderen drei Winkel ungleich 90^0.

Lösung Pool-aufgaben

Hinweise und Tipps zu b):

- Der Mittelpunkt einer Strecke [AB] ist $\vec{M} = \frac{1}{2} \cdot (\vec{A} + \vec{B})$ und NICHT $\frac{1}{2} \cdot \overrightarrow{AB}$
- Der Radius ist dann $0{,}5 \cdot [AC] = [AM]$

$$\vec{M} = \frac{1}{2} \cdot (\vec{A} + \vec{C}) = \frac{1}{2} \cdot \left[\begin{pmatrix} 0 \\ 0 \\ 0 \end{pmatrix} + \begin{pmatrix} 2 \\ -4 \\ 4 \end{pmatrix}\right] = \begin{pmatrix} 1 \\ -2 \\ 2 \end{pmatrix}$$

$$r = |\overrightarrow{AM}| = \sqrt{1^2 + (-2)^2 + 2^2} = \sqrt{9} = 3$$

Aufgabe 1 Pool 2 (Analytische Geometrie)

Hinweise und Tipps

- Abtragen einer Strecke auf einer Geraden
  Mittels normierter Vektoren (Einheitsvektoren) lassen sich Strecken auf gegebenen Geraden abtragen. Wenn wir z.B. einen Punkt R auf der Geraden PQ im Abstand d von P suchen, so ist dieser Punkt durch die Vektorgleichung $\vec{R} = \vec{P} + \overrightarrow{PQ_0}$ festgelegt
- Es werden 2 Alternativen aufgeführt

Der Richtungsvektor $\vec{u}$ der Geraden wird normiert, d.h. der Richtungsvektor $\overrightarrow{u_0}$ hat die Länge 1. Vom Punkt A wird das Lot auf die Gerade bestimmt. Der Fußpunkt sei F. Es wird der Abstand d der Punkte A und F bestimmt.

Alternative 1 mittels Satz von Thales
Von F werden in beiden Richtungen die Länge d abgetragen:
$\vec{B} = \vec{F} + d \cdot \overrightarrow{u_0}$ und $\vec{C} = \vec{F} - d \cdot \overrightarrow{u_0}$.
Dann bilden ABC ein rechtwinkliges Dreieck mit dem rechten Winkel in A (nach dem Satz des Thales) und den gleichen Seiten [BA] und [CA].

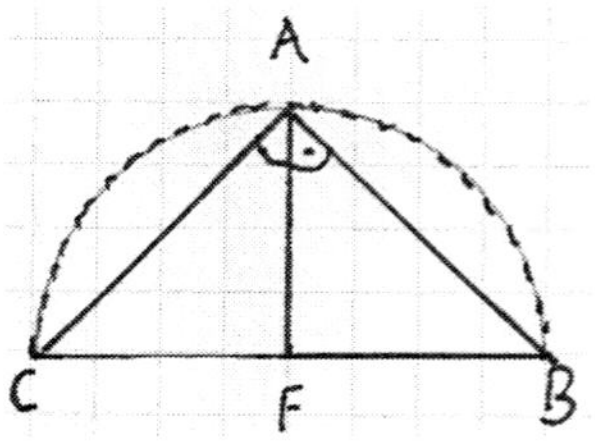

Alternative 2
Es wird F = B gesetzt. Von B wird in eine Richtung die Länge d abgetragen: $\vec{C} = \vec{F} + d \cdot \overrightarrow{u_0}$ oder
$\vec{C} = \vec{F} - d \cdot \overrightarrow{u_0}$. Dann bilden die Punkte ABC ein rechtwinkliges Dreieck mit dem rechten Winkel in B und den gleichen Seiten [BC] = [AB].

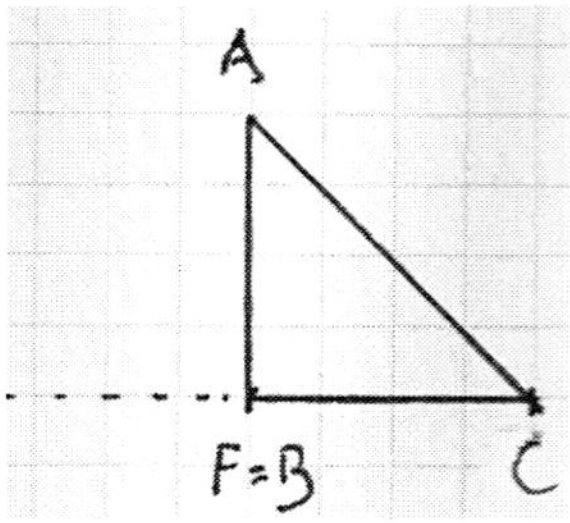

Lösung Pool-aufgaben

Aufgabe 2 Pool 2 (Analytische Geometrie)

a) Der Normalenvektor von E_1 lautet: $\eta_1 = \begin{pmatrix} 6 \\ -1 \\ -4 \end{pmatrix}$ und der von E_2: $\eta_2 = \begin{pmatrix} -3 \\ 5 \\ 2 \end{pmatrix}$.

Diese Vektoren sind linear unabhängig und somit sind die Ebenen nicht identisch.

b) Beide Ebenen werden zum Schnitt gebracht.

E_1: $6x_1 + x_2 - 4x_3 = 12$

$2 \cdot E_2$: $-6x_1 + 10x_2 + 4x_3 = -12$

$E_1 + 2 \cdot E_2$: $11x_2 = 0 \quad \Rightarrow \quad x_2 = 0$

Wählt man z.B. $x_1 = 1 \quad \Rightarrow 6$ □ $4x_3 = 12 \quad \Rightarrow \quad x_3 = -1{,}5$

Ein weiterer Schnittpunkt ist also $C(1|0|-1{,}5)$.

c) Die Normalenvektoren müssen linear abhängig sein. Das wird erreicht durch Änderung des Koeffizienten $a_2 = 5$ nach $-0{,}5$.

Nun gilt $\eta_1 = 2 \cdot \eta_2$. D.h. η_1 lässt sich als Linearkombination von η_2 darstellen. Beide Ebene sind identisch.

Merkhilfe Mathematik

Die nachfolgenden Ausführungen stellen keine Formelsammlung im klassischen Sinn dar. Insbesondere werden die verwendeten Bezeichnungen nicht erklärt und Voraussetzungen für die Gültigkeit der Formeln in der Regel nicht dargestellt.

Teil I: Stoffgebiete der Mittelstufe

Lösungsformel für quadratische Gleichungen

Lösungsformel für $ax^2 + bx + c = 0$: $x_{1/2} = \frac{-b \pm \sqrt{b^2 - 4ac}}{2a}$

Potenzen

$a^{\frac{1}{n}} = \sqrt[n]{a}$ $\quad a^{-x} = \frac{1}{a^x}$ $\quad (a^x)^z = a^{xz}$

$a^x \cdot a^z = a^{x+z}$ $\quad \frac{a^x}{a^z} = a^{x-z}$ $\quad a^x \cdot b^x = (ab)^x$ $\quad \frac{a^x}{b^x} = \left(\frac{a}{b}\right)^x$

Logarithmen

$\log_b(uv) = \log_b u + \log_b v$ $\quad \log_b \frac{u}{v} = \log_b u - \log_b v$

$\log_b u^z = z \cdot \log_b u$ $\quad \log_c a = \frac{\log_b a}{\log_b c}$

Strahlensätze

$AB \parallel A'B' \Leftrightarrow \frac{\overline{ZA}}{\overline{ZA'}} = \frac{\overline{ZB}}{\overline{ZB'}}; \ \frac{\overline{ZA}}{\overline{AA'}} = \frac{\overline{ZB}}{\overline{BB'}}$

$AB \parallel A'B' \Rightarrow \frac{\overline{AB}}{\overline{A'B'}} = \frac{\overline{ZA}}{\overline{ZA'}}$

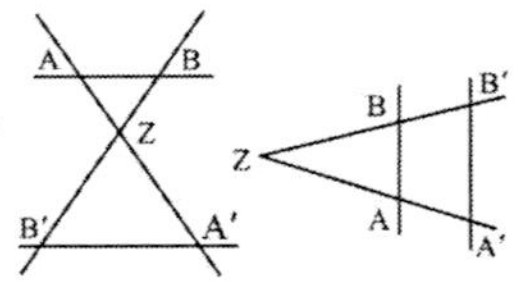

Rechtwinkliges Dreieck

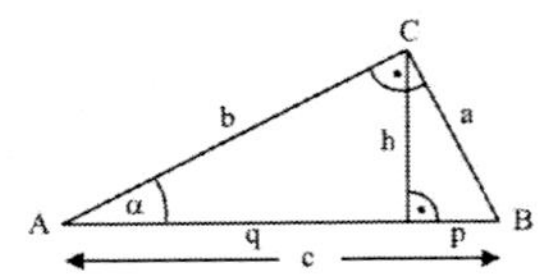

Pythagoras: $a^2 + b^2 = c^2$

Höhensatz: $h^2 = pq$

Kathetensatz: $a^2 = cp$; $b^2 = cq$

$\sin\alpha = \frac{a}{c}$; $\cos\alpha = \frac{b}{c}$; $\tan\alpha = \frac{\sin\alpha}{\cos\alpha} = \frac{a}{b}$

Allgemeines Dreieck

Sinussatz: $a : b : c = \sin\alpha : \sin\beta : \sin\gamma$

Kosinussatz:

$a^2 = b^2 + c^2 - 2bc\cos\alpha$; $b^2 = a^2 + c^2 - 2ac\cos\beta$; $c^2 = a^2 + b^2 - 2ab\cos\gamma$

Sinus und Kosinus

$\sin(-\varphi) = -\sin\varphi$ $\quad \cos(-\varphi) = \cos\varphi$ $\quad (\sin\varphi)^2 + (\cos\varphi)^2 = 1$

$\sin(90° - \varphi) = \cos\varphi$ $\quad \cos(90° - \varphi) = \sin\varphi$

Figurengeometrie

Gleichseitiges Dreieck: $A = \frac{a^2}{4}\sqrt{3}$ $\quad$ Trapez: $A = \frac{a+c}{2}h$

Kreis: $U = 2r\pi$; $A = r^2\pi$

Raumgeometrie

Prisma: $V = Gh$ $\quad$ gerader Kreiszylinder: $V = r^2\pi h$; $M = 2r\pi h$

Pyramide: $V = \frac{1}{3}Gh$ $\quad$ gerader Kreiskegel: $V = \frac{1}{3}r^2\pi h$; $M = r\pi m$

Kugel: $V = \frac{4}{3}r^3\pi$; $O = 4r^2\pi$

Teil II: Analysis

Grenzwerte

$\lim\limits_{x\to+\infty} \frac{x^r}{e^x} = 0$; $\quad \lim\limits_{x\to+\infty} \frac{\ln x}{x^r} = 0$; $\quad \lim\limits_{x\to 0} x^r \ln x = 0$ $\quad$ (jeweils $r > 0$)

Für kleine x gilt: $\sin x \approx \tan x \approx x$

Definition der Ableitung

Ableitung: $f'(x_0) = \lim\limits_{x\to x_0} \frac{f(x) - f(x_0)}{x - x_0}$, falls der Grenzwert existiert und endlich ist.

Schreibweisen: $f'(x) = \frac{df(x)}{dx} = \frac{d}{dx}f(x) = \frac{dy}{dx} = y'$

Ableitung der Grundfunktionen

$(x^r)' = rx^{r-1}$ ($r \in \mathbb{R}$); $\quad (\sin x)' = \cos x$; $\quad (\cos x)' = -\sin x$

$(e^x)' = e^x$; $\quad (\ln x)' = \frac{1}{x}$; $\quad (a^x)' = a^x \cdot \ln a$; $\quad (\log_a x)' = \frac{1}{x \cdot \ln a}$

Ableitungsregeln

Summenregel: $f(x) = u(x) + v(x) \Rightarrow f'(x) = u'(x) + v'(x)$

Faktorregel: $f(x) = c \cdot u(x) \Rightarrow f'(x) = c \cdot u'(x)$

Produktregel: $f(x) = u(x) \cdot v(x) \Rightarrow f'(x) = u'(x) \cdot v(x) + u(x) \cdot v'(x)$

Quotientenregel: $f(x) = \frac{u(x)}{v(x)} \Rightarrow f'(x) = \frac{u'(x) \cdot v(x) - u(x) \cdot v'(x)}{[v(x)]^2}$

Kettenregel: $f(x) = u(v(x)) \Rightarrow f'(x) = u'(v(x)) \cdot v'(x)$

Anwendungen der Differentialrechnung

- Tangentensteigung: $m_T = f'(x_0)$; Normalensteigung: $m_N = -\frac{1}{f'(x_0)}$
- Monotoniekriterium:
  $f'(x) < 0$ im Intervall I $\Rightarrow$ f fällt streng monoton in I.
  $f'(x) > 0$ im Intervall I $\Rightarrow$ f steigt streng monoton in I.
- Art von Extremwerten (mit Hilfe der zweiten Ableitung):
  $f'(x_0) = 0$ und $f''(x_0) > 0 \Rightarrow$ f hat an der Stelle x_0 ein relatives Minimum.
  $f'(x_0) = 0$ und $f''(x_0) < 0 \Rightarrow$ f hat an der Stelle x_0 ein relatives Maximum.
- Graphenkrümmung:
  $f''(x) < 0$ im Intervall I $\Rightarrow$ G_f ist in I rechtsgekrümmt.
  $f''(x) > 0$ im Intervall I $\Rightarrow$ G_f ist in I linksgekrümmt.
- Wendepunkt:
  Ist $f''(x_0) = 0$ und wechselt f'' an der Stelle x_0 das Vorzeichen, so hat G_f an der Stelle x_0 einen Wendepunkt.
- Newtonsche Iterationsformel zur näherungsweisen Berechnung von Nullstellen:
  $x_{n+1} = x_n - \frac{f(x_n)}{f'(x_n)}$

Hauptsatz der Differential- und Integralrechnung

Jede Integralfunktion einer stetigen Funktion f ist eine Stammfunktion von f.

$I(x) = \int_a^x f(t)\,dt \Rightarrow I'(x) = f(x)$

Berechnung bestimmter Integrale

$\int_a^b f(x)\,dx = F(b) - F(a) = [F(x)]_a^b$, wobei F eine beliebige Stammfunktion zu f ist.

Wichtige unbestimmte Integrale

$\int x^r\,dx = \frac{x^{r+1}}{r+1} + C \quad (r \neq -1)$ $\qquad \int \frac{1}{x}\,dx = \ln|x| + C$

$\int \sin x\,dx = -\cos x + C$ $\qquad \int \cos x\,dx = \sin x + C$

$\int e^x\,dx = e^x + C$ $\qquad \int \ln x\,dx = -x + x \ln x + C$

$\int \frac{f'(x)}{f(x)}\,dx = \ln|f(x)| + C$ $\qquad \int f'(x)e^{f(x)}\,dx = e^{f(x)} + C$

$\int f(ax+b)\,dx = \frac{1}{a}F(ax+b) + C$, wobei F Stammfunktion von f ist.

Teil III: Wahrscheinlichkeitsrechnung

Binomialkoeffizient: $\binom{n}{k} = \frac{n!}{k!\cdot(n-k)!} = \frac{n\cdot(n-1)\cdot\ldots\cdot(n-k+1)}{k!}$

Der Binomialkoeffizient gibt an, wie viele Möglichkeiten es gibt, aus einer Menge mit n Elementen eine Teilmenge mit k Elementen zu bilden.

Bedingte Wahrscheinlichkeit: $P_A(B) = \frac{P(A \cap B)}{P(A)}$

Unabhängigkeit von zwei Ereignissen: $P(A \cap B) = P(A) \cdot P(B)$

Urnenmodell

- Ziehen ohne Zurücklegen:
  Aus einer Urne mit N Kugeln, von denen K schwarz sind, werden n Kugeln ohne Zurücklegen gezogen.
  $P(\text{„genau k schwarze Kugeln"}) = \frac{\binom{K}{k}\cdot\binom{N-K}{n-k}}{\binom{N}{n}}$
- Ziehen mit Zurücklegen:
  Aus einer Urne, in der der Anteil schwarzer Kugeln p ist, werden n Kugeln mit Zurücklegen gezogen.
  $P(\text{„genau k schwarze Kugeln"}) = \binom{n}{k}\cdot p^k \cdot (1-p)^{n-k}$

Zufallsgrößen – Binomialverteilung

Die Zufallsgröße X nehme die Werte $x_1, x_2, \ldots, x_n$ jeweils mit den Wahrscheinlichkeiten $p_1, p_2, \ldots, p_n$ an. Dann gilt:

- Erwartungswert:
  $\mu = E(X) = \sum_{i=1}^{n} x_i \cdot p_i = x_1 \cdot p_1 + x_2 \cdot p_2 + \ldots + x_n \cdot p_n$
- Varianz:
  $Var(X) = \sum_{i=1}^{n} (x_i - \mu)^2 \cdot p_i = (x_1-\mu)^2 \cdot p_1 + (x_2-\mu)^2 \cdot p_2 + \ldots + (x_n-\mu)^2 \cdot p_n$
- Standardabweichung:
  $\sigma = \sqrt{Var(X)}$

Ist die Zufallsgröße X binomial verteilt nach B(n; p), so gilt:

$P(X = k) = B(n; p; k) = \binom{n}{k}\cdot p^k \cdot (1-p)^{n-k}$ für $k = 0, 1, \ldots, n$

mit Erwartungswert $E(X) = n \cdot p$ und Varianz $Var(X) = n \cdot p \cdot (1-p)$

Teil IV: Analytische Geometrie

Standardskalarprodukt im IR³: $\vec{a} \circ \vec{b} = \begin{pmatrix} a_1 \\ a_2 \\ a_3 \end{pmatrix} \circ \begin{pmatrix} b_1 \\ b_2 \\ b_3 \end{pmatrix} = a_1b_1 + a_2b_2 + a_3b_3$

Eigenschaften und Anwendungen des Skalarproduktes

- zueinander senkrechte Vektoren: $\vec{a} \perp \vec{b} \Leftrightarrow \vec{a} \circ \vec{b} = 0$
- Betrag eines Vektors: $|\vec{a}| = \sqrt{\vec{a} \circ \vec{a}}$
- Einheitsvektor: $\vec{a}^0 = \frac{\vec{a}}{|\vec{a}|}$
- Winkel zwischen zwei Vektoren: $\cos\varphi = \frac{\vec{a} \circ \vec{b}}{|\vec{a}| \cdot |\vec{b}|}$ mit $0 \leq \varphi \leq \pi$

Vektorprodukt im IR³: $\vec{a} \times \vec{b} = \begin{pmatrix} a_2b_3 - a_3b_2 \\ a_3b_1 - a_1b_3 \\ a_1b_2 - a_2b_1 \end{pmatrix}$

Eigenschaften und Anwendungen des Vektorproduktes

- $\vec{a} \times \vec{b}$ steht senkrecht auf $\vec{a}$ und $\vec{b}$
- $|\vec{a} \times \vec{b}| = |\vec{a}| \cdot |\vec{b}| \cdot \sin\varphi$ mit $0 \leq \varphi \leq \pi$
- Flächeninhalt F des Dreiecks ABC: $F = \frac{1}{2}|\overrightarrow{AB} \times \overrightarrow{AC}|$
- Volumen V der dreiseitigen Pyramide ABCD: $V = \frac{1}{6}\left|\overrightarrow{AB} \circ \left(\overrightarrow{AC} \times \overrightarrow{AD}\right)\right|$

Mittelpunkt M der Strecke [AB]: $\vec{M} = \frac{1}{2}\left(\vec{A} + \vec{B}\right)$

Schwerpunkt S des Dreiecks ABC: $\vec{S} = \frac{1}{3}\left(\vec{A} + \vec{B} + \vec{C}\right)$

Ebene im IR³

- Parameterform von E: $\vec{X} = \vec{A} + \lambda\vec{u} + \mu\vec{v}$
- Normalenform von E in Vektordarstellung: $\vec{n} \circ \left(\vec{X} - \vec{A}\right) = 0$
- Normalenform von E in Koordinatendarstellung: $n_1x_1 + n_2x_2 + n_3x_3 + n_0 = 0$
- Abstand e des Punktes $P(p_1 \mid p_2 \mid p_3)$ von E: $e = \frac{|n_1p_1 + n_2p_2 + n_3p_3 + n_0|}{|\vec{n}|}$

Kugelgleichung

$(x_1 - m_1)^2 + (x_2 - m_2)^2 + (x_3 - m_3)^2 = r^2$

Tabelle der kumulierten Binomialverteilung für n = 100

k \ p	0,1	1/6	0,2	0,25	0,3	1/3	0,4	0,5
0	0,000	0,000	0,000	0,000	0,000	0,000	0,000	0,000
1	0,000	0,000	0,000	0,000	0,000	0,000	0,000	0,000
2	0,002	0,000	0,000	0,000	0,000	0,000	0,000	0,000
3	0,008	0,000	0,000	0,000	0,000	0,000	0,000	0,000
4	0,024	0,000	0,000	0,000	0,000	0,000	0,000	0,000
5	0,058	0,000	0,000	0,000	0,000	0,000	0,000	0,000
6	0,117	0,001	0,000	0,000	0,000	0,000	0,000	0,000
7	0,206	0,004	0,000	0,000	0,000	0,000	0,000	0,000
8	0,321	0,010	0,001	0,000	0,000	0,000	0,000	0,000
9	0,451	0,021	0,002	0,000	0,000	0,000	0,000	0,000
10	0,583	0,043	0,006	0,000	0,000	0,000	0,000	0,000
11	0,703	0,078	0,013	0,000	0,000	0,000	0,000	0,000
12	0,802	0,130	0,025	0,001	0,000	0,000	0,000	0,000
13	0,876	0,200	0,047	0,002	0,000	0,000	0,000	0,000
14	0,927	0,287	0,080	0,005	0,000	0,000	0,000	0,000
15	0,960	0,388	0,129	0,011	0,000	0,000	0,000	0,000
16	0,979	0,494	0,192	0,021	0,001	0,000	0,000	0,000
17	0,990	0,599	0,271	0,038	0,002	0,000	0,000	0,000
18	0,995	0,696	0,362	0,063	0,005	0,000	0,000	0,000
19	0,998	0,780	0,460	0,100	0,009	0,001	0,000	0,000
20	0,999	0,848	0,559	0,149	0,016	0,002	0,000	0,000
21	1,000	0,900	0,654	0,211	0,029	0,005	0,000	0,000
22	1,000	0,937	0,739	0,286	0,048	0,009	0,000	0,000
23	1,000	0,962	0,811	0,371	0,076	0,016	0,000	0,000
24	1,000	0,978	0,869	0,462	0,114	0,028	0,001	0,000
25	1,000	0,988	0,913	0,553	0,163	0,046	0,001	0,000
26	1,000	0,994	0,944	0,642	0,224	0,071	0,002	0,000
27	1,000	0,997	0,966	0,722	0,296	0,107	0,005	0,000
28	1,000	0,999	0,980	0,792	0,377	0,152	0,008	0,000
29	1,000	0,999	0,989	0,850	0,462	0,209	0,015	0,000
30	1,000	1,000	0,994	0,896	0,549	0,277	0,025	0,000
31	1,000	1,000	0,997	0,931	0,633	0,353	0,040	0,000
32	1,000	1,000	0,998	0,955	0,711	0,434	0,062	0,000
33	1,000	1,000	0,999	0,972	0,779	0,519	0,091	0,000
34	1,000	1,000	1,000	0,984	0,837	0,602	0,130	0,001
35	1,000	1,000	1,000	0,991	0,884	0,680	0,179	0,002
36	1,000	1,000	1,000	0,995	0,920	0,751	0,239	0,003
37	1,000	1,000	1,000	0,997	0,947	0,812	0,307	0,006
38	1,000	1,000	1,000	0,999	0,966	0,863	0,382	0,010
39	1,000	1,000	1,000	0,999	0,979	0,903	0,462	0,018
40	1,000	1,000	1,000	1,000	0,988	0,934	0,543	0,028
41	1,000	1,000	1,000	1,000	0,993	0,957	0,623	0,044
42	1,000	1,000	1,000	1,000	0,996	0,972	0,697	0,067
43	1,000	1,000	1,000	1,000	0,998	0,983	0,763	0,097
44	1,000	1,000	1,000	1,000	0,999	0,990	0,821	0,136
45	1,000	1,000	1,000	1,000	0,999	0,994	0,869	0,184
46	1,000	1,000	1,000	1,000	1,000	0,997	0,907	0,242
47	1,000	1,000	1,000	1,000	1,000	0,998	0,936	0,309
48	1,000	1,000	1,000	1,000	1,000	0,999	0,958	0,382
49	1,000	1,000	1,000	1,000	1,000	1,000	0,973	0,460
50	1,000	1,000	1,000	1,000	1,000	1,000	0,983	0,540
51	1,000	1,000	1,000	1,000	1,000	1,000	0,990	0,618
52	1,000	1,000	1,000	1,000	1,000	1,000	0,994	0,691
53	1,000	1,000	1,000	1,000	1,000	1,000	0,997	0,758
54	1,000	1,000	1,000	1,000	1,000	1,000	0,998	0,816
55	1,000	1,000	1,000	1,000	1,000	1,000	0,999	0,864
56	1,000	1,000	1,000	1,000	1,000	1,000	1,000	0,903
57	1,000	1,000	1,000	1,000	1,000	1,000	1,000	0,933
58	1,000	1,000	1,000	1,000	1,000	1,000	1,000	0,956
59	1,000	1,000	1,000	1,000	1,000	1,000	1,000	0,972
60	1,000	1,000	1,000	1,000	1,000	1,000	1,000	0,982
61	1,000	1,000	1,000	1,000	1,000	1,000	1,000	0,990
62	1,000	1,000	1,000	1,000	1,000	1,000	1,000	0,994
63	1,000	1,000	1,000	1,000	1,000	1,000	1,000	0,997
64	1,000	1,000	1,000	1,000	1,000	1,000	1,000	0,998
65	1,000	1,000	1,000	1,000	1,000	1,000	1,000	0,999
66	1,000	1,000	1,000	1,000	1,000	1,000	1,000	1,000

Tabelle der kumulierten Binomialverteilung für n = 10

k \ p	0,1	1/6	0,2	0,25	0,3	1/3	0,4	0,5
0	0,349	0,162	0,107	0,056	0,028	0,017	0,006	0,001
1	0,736	0,485	0,376	0,244	0,149	0,104	0,046	0,011
2	0,930	0,775	0,678	0,526	0,383	0,299	0,167	0,055
3	0,987	0,930	0,879	0,776	0,650	0,559	0,382	0,172
4	0,998	0,985	0,967	0,922	0,850	0,787	0,633	0,377
5	1,000	0,998	0,994	0,980	0,953	0,923	0,834	0,623
6	1,000	1,000	0,999	0,996	0,989	0,980	0,945	0,828
7	1,000	1,000	1,000	1,000	0,998	0,997	0,988	0,945
8	1,000	1,000	1,000	1,000	1,000	1,000	0,998	0,989
9	1,000	1,000	1,000	1,000	1,000	1,000	1,000	0,999
10	1,000	1,000	1,000	1,000	1,000	1,000	1,000	1,000

Beispiel zur Berechnung der Einzelwahrscheinlichkeit mit Hilfe kumulierter Wertetabelle:
X seit $B(n = 10, p = 0{,}4)$
Gefragt: $P(X = 3) = P(2 < X \leqq 3) = F_{0,4}^{10}(3). F_{0,4}^{10}(2) = 0{,}382 - 0{,}167 = 0{,}215$

Notengebung

Notenpunkte	Noten	Bewertungseinheiten %
15	1+	100% 96%
14	1	95% 91%
13	1−	90% 86%
12	2+	85% 81%
11	2	80% 76%
10	2−	75% 71%
9	3+	70% 66%
8	3	65% 61%
7	3−	60% 56%
6	4+	55% 51%
5	4	50% 46%
4	4−	45% 41%
3	5+	40% 34%
2	5	33% 28%
1	5−	27% 21%
0	6	20% 0%

Monika und Claus Arndt aus Waldtrudering geben im Eigenverlag Lernhilfen für Schüler heraus

Die Durchblick-Garanten

Die Tage sind gezählt bis zu den Sommerferien. Nicht alle Schüler jedoch tun sechs Wochen lang nichts für die Schule. Und es gibt so einige Eltern, die sich jetzt schon fürs neue Schuljahr rüsten. Viele von ihnen landen bei Monika und Claus Arndt aus Waldtrudering. Das Ehepaar gibt Hefte mit Schulproben für Grundschüler und Schulaufgaben für Gymnasiasten und Realschüler heraus. Kinder und Jugendliche können sich mit ihren Durchblicker-Aufgaben auf Prüfungen vorbereiten.

Monika und Claus Arndt im Keller ihres Waldtruderinger Hauses. Dort drucken sie ihre Durchblicker-Schulaufgaben. Jahrelang haben sie zudem Nachhilfeunterricht gegeben, mittlerweile konzentrieren sie sich auf ihr Verlagsgeschäft. Ihre Schulaufgaben sind im Buchhandel zu finden und helfen Schülern bei der Lösung von Schulaufgaben. *Fotos: Panthermedia/ve/kn*

Im Keller der Familie Arndt im Birkhahnweg in Waldtrudering läuft der Drucker. In den Regalen stapeln sich ordentlich die Ausdrucke. Ihre Bestellungen erreichen Monika und Claus Arndt meist spät abends. Nach Ladenschluss schicken Buchhändler noch ihre Bestellliste ab, so auch an den Durchblicker Verlag in Waldtrudering. Viele Jahre lang haben die Arndts im Keller Schülern Nachhilfeunterricht gegeben. Vor fünf Jahren haben sie einen Verlag gegründet und verkaufen seitdem Bücher mit typischen Schulaufgaben für bayerische Schüler. Derzeit, kurz vor den Sommerferien und vor allem dann im September, sei die Nachfrage besonders groß. „Wir haben ein saisonales Geschäft", sagt Claus Arndt schmunzelnd. Bevor es in die Ferien geht oder zum Start ins neue Schuljahr, bestellen Schüler und ihre Eltern die Durchblicker-Schulaufgaben.

Der Mathematiker sattelte aufs Lehramt um

Die Arndts haben sozusagen eine Marktlücke entdeckt: Verlage bieten zwar immer mehr Lernhilfen für Schüler an. Doch die Arndts haben ihre Ausgaben auf die jeweiligen Schultypen und auf die neuen Lehrpläne in Bayern zugeschnitten. So läuft und läuft ihr Drucker. „Volltreffer!", hat ihnen ein Schüler geschrieben, „drei Aufgaben in meiner Schulaufgabe waren genau wie die aus Ihrem Buch!" Und eine Buchhändlerin lässt sie wissen: „Ich empfehle die Reihe immer weiter. Sie haben in mir einen Fan gefunden."

Wie aber kommt es, dass die beiden Waldtruderinger so einen guten Riecher haben, wie Lehrer ihre Schulaufgaben gestalten und was sie wollen? Claus Arndt war als Diplom-Mathematiker in der EDV-Branche beschäftigt. Bis 2004. Da hieß es: „Wer gehen wolle, könne gehen." Der Waldtruderinger Vater zweier Söhne ließ sich das nicht zwei Mal sagen. Händeringend wurde damals nach Lehrern gesucht. So sattelte der Mathematiker kurzerhand um und unterrichtete fortan an der Realschule in Dachau und am Neuperlacher Heinrich-Heine-Gymnasium Mathe.

Damit nicht genug. Zuhause im Keller eröffnete er mit seiner Frau Monika ein Lernstudio für Schüler. Claus Arndt gab Nachhilfe in Mathematik. Seine Frau in Englisch, Deutsch und Französisch. „Für Physik und Latein beschäftigten wir noch weitere Nachhilfelehrer", erzählt Claus Arndt. Die Waldtruderinger Familien nahmen das Angebot gerne an: Bei den Arndts gab es Nachhilfe für den Achtklässler, der darum kämpfte, wegen Mathe bloß nicht durchzufallen. Ein anderer Bub, ein Grundschüler, konnte partout nicht stillsitzen. „Ich ließ ihn hier unten auf einem kleinen Trampolin auf- und abspringen und fragte ihn dabei das Einmaleins ab", erzählt Claus Arndt. Ebenso ackerten gleich mehrere Schüler in einem Crashkurs, um in ihrer Abschlussprüfung eine bessere Note zu bekommen.

Nachhilfeunterricht von 13 bis 20 Uhr

Vier Jahre lang büffelten die Nachhilfelehrer mit ihren Schützlingen Stunde für Stunde im Keller. „Unseren Höhepunkt hatten wir im Jahr 2008, da saßen wir von 13 bis 20 Uhr in unserem Lernstudio, die Nachfrage in Waldtrudering und Umgebung war einfach so groß", erinnert sich Claus Arndt. Was ist das Arndtsche Erfolgsrezept? Die Arndts lösen mit ihren Schülern Schulaufgaben, erarbeiten Musterlösungen und korrigieren die Antworten gemeinsam. „Diese Klassenarbeiten denken wir uns selbst aus", sagt Claus Arndt. Im Laufe der Jahre haben sie ein Gespür dafür entwickelt, welche Aufgabentypen drankommen können — „wie die Lehrer ticken".

Schulaufgaben zu entwickeln, das machte Claus Arndt bald nicht nur für seine Nachhilfeschüler im Münchner Osten. Für die Verlage Klett und Cornelsen modifizierte er Schulaufgaben. „Doch die Lehrpläne variieren von Bundesland zu Bundesland", erzählt der Klausuren-Profi. Und so schlug man ihm vor, für Bayern einfach selbst Schulaufgaben herauszugeben. Im Eigenverlag.

Claus Arndt hatte ja mit seiner Frau Monika kompetente Hilfe an seiner Seite. Denn vor allem sie war es, die in ganz Bayern Buchhändler abklapperte, um Werbung für die Durchblicker-Schulaufgaben zu machen. Mehr noch: Monika Arndt hatte als Autorin bereits Ernährungsbücher für Kinder veröffentlicht, hatte unter anderem beim Stark-Verlag über Produktion sowie Inhalt von Lernhilfen viele Erfahrungen gesammelt und als Lektorin gearbeitet. Sie knöpfte sich nun die Fächer Deutsch, Französisch und Englisch vor und arbeitete ebenso Schulaufgaben aus. Zudem sei es für sie als Schulaufgaben-Entwickler mit Einführung des G8 leichter geworden: „Alles ist systematischer und strukturierter, ich kann eher abschätzen, was in einer Klassenarbeit drankommt", sagt Claus Arndt.

Neu im Angebot sind Proben für Grundschüler

Mittlerweile haben sie eine breite Palette mit 57 verschiedenen Ausgaben im Angebot: Ob für Gymnasiasten Mathe-Schulaufgaben von der fünften bis hoch zur zwölften Klasse oder für Realschüler Englisch-Schulaufgaben. „Und neu und sehr beliebt sind unsere Schulproben in Mathe, Deutsch und HSU für Dritt- und Viertklässler", sagt Monika Arndt. „Die sind immer mehr unsere Renner!" Als Verlag profitieren sie von dem wachsendem Druck, der schon auf Grundschüler ausgeübt werde. „Eltern wollen unbedingt, dass ihr Kind einen Notendurchschnitt von 2,33 beim Übertrittszeugnis in der vierten Klasse hat, damit es aufs Gymnasium gehen kann", sagt Claus Arndt. „Das ist oft zu viel des Guten." Er weiß, wovon er spricht. Er hat in all den Jahren in seinem Lernstudio viele Kinder kennengelernt. „Oft haben wir gemerkt, welch großen Druck Eltern auf ihr Kind ausüben können." Natürlich müsse sich jedes Kind auf Tests in der Schule vorbereiten. Doch als Eltern zweier Söhne, 1993 und 1996 geboren, wissen sie eben auch, dass ein Kind nicht zu viel lernen dürfe. „Wer für eine Schulaufgabe mit zwei unserer Aufgaben übt, dem reicht das meist", behauptet Monika Arndt.

Den beiden Schulaufgaben- und Nachhilfe-Profis geht es vor allem darum, Schüler besser auf das vorzubereiten, was sie bei einer Probe erwartet. „Angst und Nervosität legen sich schnell, wenn Schüler ähnliche Aufgaben kennen und bereits bearbeitet haben", sagt Claus Arndt.

Verena Rudolf

Telefon (089) 53 06-420
lokales@merkur.de
Telefax: (089) 53 06-86 56

Münchner Merkur Nr. 285 | Freitag, 9. Dezember 2016

Mehr Durchblick für Schüler

Claus und Monika Arndt produzieren Lernhefte im heimischen Keller in Waldtrudering

VON LAURA MÜLLER

Vielen Kindern graut es vor der Schule. Häufig sind sie unmotiviert und wissen nicht, wie sie sich auf Tests und Schularbeiten vorbereiten sollen. Für diese Problematik gibt es eine Menge Nachhilfelehrer und Bücher, die helfen sollen. Einer der Verlage, die solche Bücher, oder vielmehr Hefte, produzieren, ist der Durchblicker Verlag – ein kleiner Buchverlag, der nur aus dem Ehepaar Claus und Monika Arndt besteht. Er hat sich auf Schulaufgaben und ihre Lösungen spezialisiert. Die Arndts produzieren die Hefte im heimischen Keller in Waldtrudering.

Auf den jungen Schülern lastet eine Menge Druck, sagen die Arndts

Claus Arndt, ein ehemaliger Software-Ingenieur, hat den Verlag vor fünf Jahren gegründet. Angefangen hat alles damit, dass Claus Arndt anfing, Nachhilfe zu geben. „Als die Kinder kamen, wollte ich nicht ständig unterwegs sein", erzählte er. „Also habe ich meinen Job gekündigt und Nachhilfe gegeben." Die Schüler kamen gerne zu Claus Arndt, so wurde die Nachfrage irgendwann zu groß. Die Arndts gaben das Lernbüro auf und fingen an, Bücher mit Schulaufgaben und ihren Lösungen zu drucken. Zunächst verkauften sie nur wenige Hefte, doch im vergangenen Jahr waren es schon 20 000. Insgesamt haben sie 58 Bücher verfasst und herausgebracht. Die Arndts sehen sich mittlerweile als „ernst zu nehmende Konkurrenz" für den renommierten Stark-Verlag. Dessen rote Übungsbücher stehen bei vielen Schülern im Regal.

Die Nachfrage ist groß: Im Keller von Monika und Claus Arndt stapeln sich die Lernhefte des heimischen Verlags. Alles ist handproduziert, das ist das Markenzeichen des Verlags. FOTOS: ASTRID SCHMIDHUBER

Claus Arndt sammelt seit der Umstellung auf das G8 Schulaufgaben von verschiedenen Schulen. Weil er selbst mal als Lehrer arbeitete, weiß er, was andere Lehrer erwarten. Claus und Monika Arndt orientieren sich bei ihren Aufgaben immer an dem neusten Stand der Lehrpläne.

Die Hefte des Durchblicker-Verlags: Insgesamt 58 Lerntrainer haben die Arndts schon herausgebracht.

Als die Arndts ihren Verlag gründeten, klapperten sie alle möglichen Büchereien ab, um ihre Bücher präsentieren zu können. Monika Arndt hat schon vorher als Lektorin und Autorin gearbeitet. Sie kennt sich in der Branche aus und weiß, wie man hier etwas erreicht. Heute liegen die Bücher des Durchblicker-Verlags etwa in Hugendubel- und Thalia-Filialen aus. „Wir freuen uns, dass unsere Bücher so gut ankommen", sagt Claus Arndt. Am besten verkaufen sich laut den Arndts die Lerntrainer für die Grundschule sowie für die 5. und 6. Klasse Gymnasium. Das verwundert. Claus Arndt erklärt: „Auf den jungen Schülern lastet schon eine Menge Druck."

Am besten verkaufen sich die Lerntrainer für Grundschule und 5. und 6. Klasse

Als die Arndts die Bücher in immer größerer Stückzahl verkauften, stellte sich die Frage, wie sie die Lerntrainer weiter produzieren wollen. Sie entschieden sich, die Bücher selbst zu drucken. „Alles ist handproduziert, das ist unser Markenzeichen", sagt Monika Arndt.

Sie legen Wert darauf, dass ihre Aufgaben schulnah sind und so auch wirklich abgefragt werden könnten. „Außerdem ist es wichtig für uns, die Schüler für das Lernen zu motivieren. Häufig schreiben Kinder schlechte Noten, weil sie zu wenig Selbstvertrauen haben", sagt Claus Arndt. „Wenn die Kinder mit unseren Schultrainern lernen, erkennen sie Aufgaben aus dem Unterricht wieder, das gibt ihnen ein Erfolgserlebnis und motiviert sie." Natürlich könnten die Bücher keine schon vorher entstandenen Wissenslücken schließen, „aber sie helfen, zu vertiefen und zu wiederholen."

AKTUELLES IN KÜRZE

38-Jähriger stirbt nach Drogenkonsum

Ein 38-jähriger Münchner ist am vergangenen Freitag an den Folgen von Kokain- und Alkoholkonsum gestorben. Nach Angaben der Polizei wurde der arbeitslose Münchner am Donnerstag, 17. November, in eine Klinik eingeliefert. Dort musste er reanimiert werden. In seinem Urin wurde ein hoher Kokaingehalt festgestellt. Zudem hatte er eine Alkoholvergiftung. Die Obduktion ergab, dass der 38-Jährige an einer Überdosis Rauschgift gestorben war. Die Polizei schließt Fremdverschulden aus. plm

Rechte und Pflichten von Mietern

Viele Auseinandersetzungen zwischen Vermietern und Mietern resultieren daraus, dass die Parteien ihre Rechte und Pflichten nicht kennen oder diese falsch einschätzen. Die Rechtsanwältin Gisela Weber vom Mieterverein München erläutert bei einem Infoabend im Bauzentrum München, Willy-Brandt-Allee 10, am Dienstag, 13. Dezember, ab 18 Uhr, welche Klauseln Mieter vor der Unterzeichnung eines Formularmietvertrages besonders unter die Lupe nehmen sollten. Sie spricht außerdem die Probleme des Alltags an, die im täglichen Umgang zwischen den Mietvertragsparteien und den Nachbarn auftreten können. Der Eintritt ist frei. do

Mein Sohn Leander hat sich schon letztes Jahr ausschließlich mit Ihren Heften auf seine Schulaufgaben in Mathe und Englisch vorbereitet, was uns zu einem insgesamt recht entspannten ersten Schuljahr im Gymnasium verholfen hat. Wir erleben Ihre Hefte als echte Unterstützung!

Dem besten Mathelehrer der Welt habe ich die Note 1 im Abitur zu verdanken.

„Die Bücher sind wirklich gut!“
Ein Großbuchhändler

Top! Die Schulaufgaben von bayerischen Gymnasien sind wirklich ihr Geld wert. Das gibt den Kindern Sicherheit. Klasse!

Herzlichen Dank für die prompte Zusendung von Mathematik 11. Martin hat es gut genutzt und 14 Punkte geerntet. Vielen vielen Dank!

VOLLTREFFER !!!
3 Aufgaben in meiner Schulaufgabe waren genau wie die aus Ihrem Buch. Super! Danke!

Großes Lob an Ihr Engagement!
Die Hinweise in den ausführlichen Lösungen sind die absoluten Insidertipps!

Wir verwenden die Schulaufgaben für bayerische Gymnasien schon seit einigen Jahren. Die Trainer sind wirklich toll. Das ist der Standard, der definitiv in der Schule drankommt.

Wir haben übrigens schon Mathe für die 5. Klasse Gymnasium zu Hause und sind total begeistert.

Die Tipps zu den Matheaufgaben haben meinem Sohn soviel Selbstbewusstsein gegeben, dass er in seiner Schulaufgabe die Note 1 geschrieben hat.

Ein dickes Lob! Meine Tochter ist total begeistert. Sie hat bei Physik und Chemie das Gefühl: „Das habe ich jetzt verstanden.“

Wir haben alle Ihre Bücher. Die sind spitze!

Dank Ihrer tollen Hefte und mit dem Bayerischen Mathematik-Test (BMT) habe ich die 10. Klasse in Mathematik und damit die Mittlere Reife geschafft.

Ihre Bücher sind so toll. Wir bestellen hiermit die nächsten.

„Ich empfehle die Reihe immer weiter. Sie haben in mir einen Fan gefunden.“
Eine Buchhändlerin

„Die Durchblicker Schulaufgaben sind inzwischen unsere Topseller.“
Eine Buchhändlerin

DURCHBLICKER Lernstudio Arndt

Mathematik 12

ISBN: 978-3-943703-12-2

9 783943 703122

€ 14,95 (D) € 15,40 (A)